Lucy helps ir Garden

Story by Rosemary Border
Illustrated by Lynne Byrnes

Lucy likes helping Grandpa.
He has a lovely big garden, and
he grows wonderful things there.

Which two flowers are exactly alike?

Lucy has a ride in the wheelbarrow.
'Hold tight!' says Grandpa.
Then he tips Lucy gently out.

Find three things with which
you dig the garden.

'Help me with these strings, Lucy,' says Grandpa.
They have just planted some seeds.
The foil strips will scare the birds.

Lucy stands the seed packets on sticks — now they can see which row is which.

Find four birds hiding in the picture!

They pull out weeds between the plants.
'I like pansies best,' says Lucy.
'You can't eat pansies,' says Grandpa,
'I like carrots and peas better!'

Join the dots to find someone who likes carrots and peas too!

They tip the weeds on the compost heap.
'Compost feeds the plants,' says Grandpa.
'I'd rather have baked beans,' says Lucy.

Put each thing
in its container.

Lucy helps to plant some sweet peas.
'Soon they'll be taller than you!' says Grandpa.
Lucy's boots stick in the soft earth.

Find the boots hidden in the picture.

'Help, I'm stuck!' shouts Lucy.
Grandpa comes to help her.
He lifts her up in his strong arms.
Her muddy boots stay behind!

Sort the different shoes into pairs!

Grandpa washes Lucy's boots under the tap.
'Stay on the path,' he tells Lucy,
'you can't walk about in your socks!'

How many birds, animals and insects can you find in the picture?

'Let's have a snack,' says Grandpa,
as he helps Lucy put her boots on.
They have tea and buns.
The shed is a fine place for a snack!
Tiger the cat has some too.

Match the shapes to the garden tools.

Mummy comes to take Lucy home for tea.
'Your garden looks tidy!' she says.
'I've had help,' says Grandpa.

Which jobs has Lucy helped Grandpa with today?

'Here are some flowers for Mummy,' says Grandpa.
He gives Lucy three boxes of plants, too.
'Soon you will have salad for tea,' says Grandpa.

Which plants are growing in the boxes?

Le Foie gras

Conception et mise en page : Corinne Pauvert Thiounn

ISBN : 2.7006.0348-6

Le Foie gras

Texte de
Elvira Masson

Illustrations de
Blaise Prud'hon

Aubanel

SOMMAIRE

Une histoire de gourmandise

C'est l'histoire d'une gourmandise suprême et mystérieuse, évocatrice de luxe et de volupté, porteuse de siècles d'usages, de techniques et de saveurs conjugués avec talent et passion…

C'est l'histoire d'un produit voyageur, hôte des tables de l'Ancien Empire égyptien au dire de certains, de l'Empire romain sans nul doute, des juifs d'Europe centrale au XVIe siècle et de Louis XIV.

C'est l'histoire en France de traditions régionales et des hommes qui les font vivre. Landes, Alsace, Gers, Périgord, à chaque terroir son histoire, à chaque producteur son savoir-faire et son secret.

C'est l'histoire d'une source d'inspiration merveilleuse pour les écrivains gourmands qui se sont penchés sur sa chair, décrite par Curnonsky comme « une quintessence d'arômes et de saveurs qui résument la qualité supérieure des bonnes choses de chez nous ».

C'est avant tout l'histoire d'un plaisir gourmand qui ne demande qu'une bonne tranche de pain pour donner le meilleur de lui-même, et l'histoire de ceux qui savent le préparer avec élégance, simplicité, audace parfois, respectant toujours la subtilité du foie d'oie et les saveurs plus sauvages du foie de canard.

Premier chapitre

Il était une fois, le foie gras...

Rarement mets aura-t-il connu une destinée voyageuse aussi passionnante. Toujours synonyme de fête, le foie gras nous raconte une histoire de plaisir, au gré d'un périple nous menant de l'Égypte ancienne jusqu'aux tables les plus modernes d'aujourd'hui. Pour le meilleur de la gourmandise…

SUR LES BORDS DU NIL ÉTAIT UNE OIE

Ce serait l'Égypte que les oies sauvages auraient choisie comme terre d'accueil à l'aube du IIIe millénaire av. J.-C. Les sujets de Pharaon auraient ainsi eu l'occasion d'observer le phénomène d'accumulation des graisses dans le foie de ces palmipèdes, qui précédait leur long voyage depuis les contrées nordiques jusqu'aux marais du delta du Nil. Ils ont alors reproduit ce processus d'engraissement et de gavage, comme l'attestent les décorations des bas-reliefs d'une vingtaine de tombeaux de la Ve dynastie, à l'époque de l'Ancien Empire (2575-2134 av. J.-C.), découverts à Saqqarah et à Gizeh, près du Caire. On peut aujourd'hui les admirer au musée du Louvre. Ils font apparaître des oies engraissées par des esclaves qui semblent bien maîtriser la technique du gavage. De foie gras, il n'est en revanche pas fait état ! Selon Athénée, dont les écrits datent du IIIe siècle, des oies engraissées ont été envoyées d'Égypte en cadeau à Agésilas II, le roi de Sparte, aux environs de 400 av. J.-C. Mais nous ne savons pas si les Égyptiens cuisinaient et consommaient le foie gras de leurs oies et canards. Dans *Le Banquet des sophistes*, Athénée se contente de rapporter une remarque faite par le cuisinier Archestratus : « Maintenant, Ulpian, toi qui poses des questions sur tous les mets qui ornent la table, tu ne peux refuser de nous dire quel écrit des Anciens fait mention de ces magnifiques foies d'oie. »

UNE GOURMANDISE ROMAINE

Toujours selon les écrits d'Athénée, les Grecs étaient passés maîtres dans l'art d'engraisser les oies à l'aide d'avoine trempée dans l'eau. La pratique s'est ensuite développée chez les Romains, qui avaient à cœur de servir les plats les plus spectaculaires que l'on puisse imaginer. Au IIe siècle av. J.-C., Caton explique : « Pour gaver une oie, tremper l'avoine ou l'orge dans de l'eau, en faire des pâtés qui servent à nourrir le gosier des oies deux fois par jour. Donner de l'eau aux bêtes à midi, mais que l'eau ne leur soit accessible qu'une heure durant. » (*De agri cultura*, chapitre LXXXIX.) Columelle, au Ier siècle, reprend les conseils de Caton, tandis que Palladius, au IVe siècle, explique que les oies doivent être engraissées dans un lieu sombre et chaud. Pour obtenir les foies les plus tendres, il convient de faire tremper des figues sèches dans de l'eau, de les donner aux oies à la fin d'une période de trente

Figue et foie confondus

Selon certains, les Romains n'ont rien inventé et n'ont fait qu'adopter les habitudes des peuples vaincus. Ainsi en irait-il de leur technique de gavage : le consul Metellus Scipion aurait rapporté de Grèce au Ier siècle av. J.-C. la recette du *jecur ficatum,* ou foie engraissé aux figues. Le terme *jecur,* « foie », a peu à peu cédé la place à celui de *ficatum,* « aux figues », pour désigner l'organe. Figue et foie partagent donc une même origine étymologique : ficus pour la première, ficatum pour le second. Celui-ci est ensuite devenu *figido* au VIIIe siècle, puis *fedie* ou *feie* au XIIe siècle, et enfin « foie ». Figue et foie : deux délices aux destinées entremêlées.

jours d'engraissement et de procéder ainsi durant quelque vingt jours consécutifs (*De re rustica*, livre I, chapitre XXX).

Merveilleux conteur et observateur de son temps, Horace rapporte, dans l'une de ses *Satires,* le menu d'un banquet fastueux. Nous sommes au Ier siècle av. J.-C. et au nombre des victuailles figure « le foie d'une oie femelle blanche, engraissée de figues onctueuses » (Satire VII). À la même époque, le grand gastronome Apicius recommande lui aussi de gaver les oies à l'aide de figues séchées et Pline l'Ancien, en bon naturaliste, cherche l'espèce qui peut fournir le plus gros foie. Celui-ci est gonflé à l'aide d'un mélange de lait et de miel – la gourmandise atteint de ces sommets ! Apicius, décidément très inspiré par le sujet, livre dans son *Art culinaire* une recette de foie gras en sauce : le foie cru est taillé en escalopes et mis à macérer dans un mélange d'épices, d'herbes et de condiment à base de poisson, le *garum,*

puis il est enveloppé dans une crépine et rôti. La sauce qui l'accompagne est composée d'un mélange de *garum*, de vin, d'huile, de poivre, de thym et de livèche (plante aromatique de la famille des ombellifères). Si l'on en croit le poète Juvénal (Satire V), le foie gras était servi chaud à la table des Romains du IIe siècle.

TERRES D'ACCUEIL

Pendant l'ère romaine, le foie gras est consommé dans différentes parties de la Gaule romanisée, dont le Sud-Ouest. C'est ainsi que nos ancêtres gallo-romains deviennent progressivement des spécialistes en la matière. Avec la chute de l'Empire romain, la tradition du gavage ne s'éteint pas pour autant. Les divers « Barbares » conservent les pratiques acquises de la vie quotidienne et ne négligent pas les plaisirs de la table. Le roi wisigoth Alaric II (484-507), qui règne sur la Gaule du sud de la Loire, fait même du foie gras son « régime habituel ». Au nord de la Garonne, les Francs ont, quant à eux, réglementé l'élevage des oies. Quelques siècles plus tard, Charlemagne manifeste à son tour la volonté de protéger les oies pendant l'engraissement. Et n'oublions pas Rabelais : il ne nous étonnera pas que l'un de ses personnages, frère Bernard, mentionne saint Ferréol, « celui qui engraisse les oies », né à Limoges, près de la Corrèze et de la patrie du foie gras. Quant à Henri IV, il était connu, tout comme sa mère, Jeanne d'Albret, pour son goût pour les oies, mais les sources écrites ne permettent pas de savoir s'il était amateur de foie gras.

C'est pourtant au XVIe siècle que le foie gras réapparaît avec certitude en Europe. La France n'est alors pas le seul pays à gaver ses oies. Dans son *New Kochbuch* [Nouveau Livre de cuisine], édité à Francfort en 1581, Marx Rumpolt, cuisinier de la cour de Bohême, écrit : « J'ai rôti le foie d'une oie engraissée par les juifs de Bohême, qui pesait trois livres et quelques onces. » Les juifs étaient en effet réputés partout en Europe comme étant d'excellents éleveurs d'oies. Les Français ont pris soigneusement note de ce savoir-faire au milieu du XVIIIe siècle. Le naturaliste René Antoine Ferchault de Réaumur évoque alors devant l'Académie des sciences la grande habileté des juifs de Metz à obtenir des « foies d'oie renommés par leur grosseur énorme et par leur excellence ».

LE FOIE DEVIENT GRAS ET FRANÇAIS

Il est fait mention pour la première fois de l'expression « foye gras » dans quatre recettes du *Cuisinier françois* de François Pierre La Varenne. Cet ouvrage pour le moins révolutionnaire paru en 1651 donne une nouvelle orientation à la cuisine française, abandonnant la surabondance de saveurs du Moyen Âge et la surenchère de sucre de la Renaissance. Un siècle plus tard, le *Dictionnaire raisonné universel d'histoire naturelle* de Jacques Christophe

Valmont de Bomare rappelle que les Romains étaient grands amateurs de foie gras. Faut-il en déduire qu'à l'époque, le foie gras n'était plus à la mode ? Rien n'est moins sûr : *Le Cuisinier royal et bourgeois* de Massialot (1691), *Les Dons de Comus* de François Marin (1739), *Le Cuisinier instruit* de Menon (1758) ainsi que, à la fin du XVIIIe siècle, des rééditions du *Cuisinier françois* font tous état de recettes de plats chauds préparés avec du foie gras : ragoûts, crépines, brochettes, farces… *Le Cuisinier gascon* de Louis-Auguste de Bourbon, prince de Dombes, publié à Amsterdam en 1740, est sans doute le premier ouvrage à donner la recette d'un foie gras en croûte, dont la farce consiste en ce que nous nommons aujourd'hui un bloc de foie gras. Le pâté de Périgueux consiste, lui, selon le *Dictionnaire portatif de cuisine* (1767), en un assemblage des plus gourmands : pas moins de douze foies gras, deux livres de truffes, de champignons et de ciboule. La gastronomie a de ces richesses !

Les Alsaciens se revendiquent comme les inventeurs, ou tout au moins les « réinventeurs », du foie gras. Aux alentours de 1780, Jean-Pierre Clause, le maître queux du maréchal de Contades, le gouverneur militaire de Strasbourg, confectionne un pâté en croûte au foie d'oie, non truffé, qu'il baptise « pâté à la Contades ». Le maréchal est enthousiaste au point qu'il fait goûter ce mets à Louis XVI. Selon une autre version, le maréchal de Contades échange en 1788 avec le roi de France un pâté de foie gras contre une terre en Picardie. Séduit, le souverain autorise Clause à s'installer

comme cuisinier à Strasbourg. Ce « pâté » accueille en son ventre des truffes en 1792, grâce à Nicolas Doyen, pâtissier tout juste installé à Strasbourg. Un mets exquis qu'Anthelme Brillat-Savarin n'oublie pas dans sa *Physiologie du goût* : « À l'apparition du pâté, je vis se succéder tour à tour sur toutes les physionomies le feu du désir, l'extase de la jouissance, le repos parfait de la béatitude. » Une jolie histoire qui fait la fierté des Alsaciens !

N'oublions pas cependant que les paysans du Sud-Ouest gavaient leurs canards depuis longtemps déjà et que les Périgourdins se vantaient, au début du XVIIIe siècle, d'un pâté en croûte contenant du foie gras – et des truffes, bien sûr ! Une chose est entendue : le foie gras a connu un essor remarquable grâce à Nicolas Appert (1749-1841), l'inventeur de la méthode de conservation par la chaleur qui porte son nom, l'appertisation. La mise au point de ce procédé a permis tout au long du XIXe siècle l'émergence de conserveurs, souvent établis en grandes maisons, acteurs indispensables à la diffusion à travers le monde de cette merveille gastronomique. Le foie gras est véritablement devenu à cette époque-là, aux yeux de tous, un élément de premier plan du patrimoine culinaire français. Le procédé mis au point par Appert a permis de diffuser un produit qui, grâce à la conserve, se garde longtemps et, mieux encore, dont la saveur s'affine avec le temps, comme une bonne bouteille de vin.

LITTÉRATURE GOURMANDE

George Sand, Colette, Alexandre Dumas, Pablo Neruda : tous des amoureux du foie gras, sans oublier l'immense littérature gastronomique du XIXe siècle – Anthelme Brillat-Savarin, Alexandre Balthasar Grimod de La Reynière, Auguste Escoffier...

Édouard Nignon (1865-1934) est l'une des figures marquantes de la gastronomie. Son nom est peut-être moins connu que ceux d'Escoffier, Brillat-Savarin, Curnonsky ou Marie-Antoine Carême, mais son influence n'est pas moindre. Dans ses *Éloges de la cuisine française*, publiés en 1933, six cents recettes sont réunies en guise de testament culinaire, et témoignent de son incroyable talent et de son inventivité. Génie précoce, il prépare à 27 ans les dîners de l'empereur François-Joseph à Vienne, puis il ordonnance des banquets fastueux pour Nicolas II au Kremlin. En 1908, il devient propriétaire du restaurant Larue, où accourt le Tout-Paris des lettres, dont Guillaume Apollinaire, Paul Bourget, Maurice Barrès, Marcel Proust, Anatole France et Edmond Rostand. Sacha Guitry ouvre ainsi sa présentation pour la première édition de l'ouvrage : « Je ne déteste pas les choses inutiles, mais j'aime aussi beaucoup les choses nécessaires. Ce beau livre était nécessaire, il a sa place désignée parmi nos manuels, nos dictionnaires, nos atlas [...]. Découpez-le, dévorez-le – il vous délectera, car il est savoureux. » Il ne s'agit pas d'une compilation de recettes mais de « formules », comme Nignon aimait les appeler. On ne sera ainsi guère surpris qu'en ce qui concerne le foie gras, la simplicité ne soit pas franchement de mise : vasque de foie gras à la gelée d'or, fondant de foie gras à la reine, pascalines de foie gras à la Rohan (avec truffes et gelée de volaille au vieux madère), rissolettes de foie gras Carisse, célestine de foie gras comtesse de Paris (avec gelée de volaille au porto et à la banane, pointes d'asperge et truffes), dariole de foie gras Mouchy, vasque de foie gras strasbourgeoise...

Marie-Antoine Carême, cuisinier du prince de Talleyrand, puis des empereurs de Russie et d'Autriche, évoque lui aussi le foie gras dans *Le Cuisinier parisien ou l'Art de la cuisine au XIXe siècle*, paru en 1833, mais dans son apprêt de ragoût : ragoût de foie gras à la financière, ragoût de foie gras et de truffes suprême, ragoût de foie gras à la Monglas, ragoût de foie gras à l'américaine, ragoût de foie gras aux champignons. Le foie gras qu'il emploie vient de Strasbourg puis est mis à cuire dans une mirepoix avec un verre de madère.

Recettes du répertoire classique

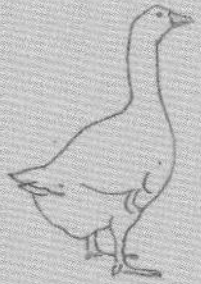

Pavé de foie gras Lucullus

Faites prendre au fond d'une timbale, de forme carrée, une couche de gelée épaisse de 1 bon centimètre. Sur cette gelée, étalez une couche de purée de foie gras additionnée d'un quart de gelée fondue et épaisse de 1 centimètre et demi. Lorsque cette purée est prise, rangez dessus quelques escalopes de foie gras et 5 ou 6 lamelles de truffe, recouvrez d'une couche de gelée et continuez ainsi, en alternant une couche de purée de foie gras, d'escalopes, de lamelles de truffe et de gelée. Complétez le moule par une couche de gelée et tenez au rafraîchissoir jusqu'au dernier moment. Dressez votre préparation sur un bloc de glace vive taillé en forme de pavé.

Le Guide culinaire d'Escoffier, Bibliothèque culinaire, Flammarion.

Tournedos Rossini

L'origine du mot tournedos serait liée au compositeur : Rossini avait demandé que lui soient servies des tranches de filet de bœuf accommodées de foie gras et de truffes. Le maître d'hôtel, surpris par cette recette originale, aurait ainsi fait passer le plat « dans le dos » des convives. Faites sauter au beurre 1 escalope de foie gras et 2 lamelles de truffe, et faites frire un croûton rond. Poêlez le tournedos au beurre et dressez-le sur le croûton. Disposez dessus l'escalope de foie gras, puis la truffe. Déglacez au madère les sucs de cuisson et nappez-en le tournedos. Larousse gastronomique.

Foie gras vigneronne à la Curnonsky

Le « prince des gastronomes » nous a généreusement légué cette recette du Béarn. Prenez un foie de 700 g. Mettez-le dans une sauteuse avec 1 petite cuillerée de graisse d'oie. Faites cuire à petit feu pendant 1 demi-heure. Salez, poivrez et retournez. Lorsque le foie est presque cuit, enlevez presque toute la graisse, en ne laissant que 1 cuillerée ou 2. Ajoutez 1 verre de jurançon. Laissez cuire 15 minutes à découvert. Environ 10 minutes avant de servir, ajoutez 20 grains de raisin blanc et autant de raisin rouge (pelés et épépinés au préalable). Servez le foie gras entouré de son raisin.

Deuxième chapitre

Foie gras d'ici et d'ailleurs

La France est le premier pays producteur de foie gras au monde avec plus de 17 000 tonnes en 2002, dont près de 1 500 tonnes sont exportées. Mais si foie gras rime a priori avec tradition française, une cinquantaine d'autres pays en produisent pourtant, dont la Hongrie, Israël, Madagascar ou encore Cuba.

TOUR DE FRANCE DU FOIE GRAS

Berceau historique du foie gras, l'Alsace ne pèse désormais plus lourd en termes de quantités. En dehors du Sud-Ouest, terroir d'élection, de nouvelles régions se sont récemment tournées vers cette activité. Le phénomène marquant dans ce domaine, durant la seconde partie du XXe siècle, a été le remplacement progressif de l'oie par le canard. L'oie « de Toulouse », qui pouvait fournir des foies de plus de 1 kilogramme, a ainsi disparu du fait du changement des pratiques alimentaires : on consomme tout simplement moins d'oies, et surtout moins d'oies de taille aussi importante. La recherche a permis de créer une race appelée « oie des Landes », grise et de taille plus raisonnable, produisant des foies gras de très bonne qualité. Les éleveurs de plusieurs pays l'ont adoptée, mais il n'en reste pas moins que la production de foie gras d'oie demeure assez faible en France : 580 tonnes contre 16 500 pour le canard. L'élevage des canards s'avère plus simple que celui des oies. En France, deux races se partagent les faveurs des éleveurs : le canard de Barbarie *(Cairina moschata)* et le canard mulard. Le second est issu du croisement du premier avec la cane de Pékin. Il donne, de l'avis de tous, les meilleurs foies gras qui soient – toujours issus des mâles, car ceux des femelles sont de moindre qualité.

Landes

Les fermiers landais se sont reconvertis avec succès dans l'élevage des canards : près d'un foie gras français sur trois vient des Landes. Ils ont anticipé les mutations avec beaucoup de bon sens et ont su s'adapter. C'est dans les Landes que le maïs a été introduit en France pour la première fois. Or, le maïs constitue le meilleur aliment pour engraisser les oies et les canards. La preuve en a été apportée par l'agronome Jean-Baptiste Boussingault au XIXe siècle, mais les fermiers des Landes le savaient depuis déjà un siècle ! Ils ont donc joui d'une belle avance sur les autres régions productrices et sont particulièrement bien organisés. La plupart des éleveurs travaillent avec des coopératives ou des fabricants qui se chargent de la commercialisation du foie gras, mais certains tiennent à leur indépendance et vendent leurs produits à la ferme.

Gers

Dans le Gers comme dans les Landes, l'oie a été progressivement remplacée par le canard. Les Gersois sont fiers de leur foie gras et sont également organisés en coopératives ou en groupements de producteurs qui passent des contrats avec les éleveurs. Outre les maisons artisanales, le département du Gers compte plus de deux cents éleveurs, également conserveurs, qui transforment et vendent leur foie gras sur le lieu de production.

Périgord

Difficile, lorsque l'on se promène en Dordogne, que ce soit à Périgueux, à Sarlat ou dans n'importe quel village, de ne pas entendre parler de foie gras… et de truffes ! Certains producteurs fermiers se sont regroupés pour créer des abattoirs qui leur permettent de procéder, selon les méthodes modernes d'éviscération à chaud, au traitement immédiat du foie gras, dont la qualité est ainsi améliorée. En Dordogne, les fermiers conserveurs ont souvent des exploitations de petite taille : leurs troupeaux excèdent rarement deux à trois mille têtes sur des terres de cinq à dix hectares. Pour l'amateur avide de saveurs et de paysages inoubliables, le Périgord est sans nul doute le lieu rêvé pour un pèlerinage. Misant non seulement sur son

savoir-faire mais aussi sur son potentiel touristique, la région a cherché, et brillamment réussi, à attirer les touristes pour des visites à la ferme, des journées portes ouvertes ou des stages de préparation du foie gras. La production assurée par les fermiers du Périgord est certes modeste en termes de quantités, mais assure le maintien du foie gras, d'oie essentiellement, dans son terroir. Le Périgord est également le fief de la truffe noire, ou *Tuber melanosporum*.

AUTRES RÉGIONS PRODUCTRICES

Le Sud-Ouest tient toujours le haut du pavé en matière de quantités, mais désormais le foie gras est produit un peu partout en France, jusque dans des régions qui peuvent surprendre comme la Picardie, la Normandie ou la Bourgogne. Plus de cinquante départements produisent du foie gras. En Normandie, certains agriculteurs ont ainsi élargi leur champ d'activités, tirant parti de leurs vergers et prairies en accueillant des troupeaux d'oie. L'Association des producteurs de foie gras de Normandie compte deux cents membres, qui ont réussi une belle reconversion. Ils vendent leurs foies gras directement à la ferme et conservent pour la plupart leur activité principale antérieure. En Bretagne, il est possible d'apercevoir des oies et des canards gras dans le bocage. Un peu plus au sud, la Vendée a récemment connu dans ce domaine une expansion spectaculaire. Quant au Sud-Ouest entendu au sens large, il renoue avec une tradition parfois perdue. Le Limousin, l'Aveyron et les Charentes, animés par une poignée d'agriculteurs passionnés et amoureux de leur terroir, ont eux aussi retrouvé des plaisirs disparus. Certaines régions profitent de ce renouveau tandis que d'autres, anciennes patries du foie gras, luttent pour le maintien de cette activité.

Alsace

Le foie gras d'oie ou de canard, qu'il soit décliné en pâté en croûte, en associations salées-sucrées ou en terrine, demeure l'un de ces mets de fête que l'Alsace sait si bien mettre en valeur. Mais qu'est-il arrivé à la production alsacienne qui a dominé jusque dans les années cinquante ? Après la Seconde Guerre mondiale, l'Alsace était la première région productrice. Sa place est désormais modeste. Des grandes maisons de foie gras, il ne reste plus que Feyel et Artzner – aujourd'hui associés sous la même bannière – et Georges Bruck, qui perpétuent la tradition et l'exportent un peu partout dans le monde. Mais le visiteur serait bien en peine de trouver aux environs de Strasbourg des fermes et des troupeaux d'oies. Il ne reste plus dans la région qu'une quarantaine d'éleveurs qui se consacrent exclusivement à cette activité, dont une trentaine dans la basse vallée du Rhin. L'Alsace excelle cependant toujours dans le domaine de la mise en valeur esthétique du produit. La maison Artzner en constitue la preuve vivante, avec ses superbes pots en faïence de

Sarreguemines décorés de motifs à l'ancienne, ou en forme de kouglof. La qualité de ces présentations permet de ne pas oublier que le foie gras est avant tout un mets de fête. Si l'oie a donné au foie gras ses lettres de noblesse, le robuste canard de Barbarie a, depuis le début du XXe siècle, su prouver qu'il pouvait donner un résultat des plus savoureux. C'est désormais le plus consommé et la production de foie gras d'oie est de plus en plus faible. Les Alsaciens ont été contraints de composer face à cette réalité : ils se consacrent désormais à l'oie pendant les quatre mois qui précèdent Noël et au canard le reste de l'année. La faiblesse de la production oblige les traiteurs, les restaurants et les

fabricants alsaciens à utiliser des foies en provenance des Landes, du Gers, du Périgord, ou même de Hongrie et d'Israël. Cette défection s'explique essentiellement par l'influence des groupes agroalimentaires qui ont racheté les entreprises de transformation, et par l'exode rural.

LE FOIE GRAS DANS LE MONDE

La Hongrie et Israël sont les plus grands producteurs de foie gras après la France, et ses principaux fournisseurs. Ils sont suivis par la Bulgarie, la Pologne et la Roumanie, trois pays qui bénéficient d'une tradition dans ce domaine, puis par de nouveaux venus comme la Belgique, l'Espagne, la Grèce et une série de terres lointaines : Madagascar, Inde, Guatemala, Cuba, Tunisie, Thaïlande, Chine…

Hongrie

La Hongrie a toujours connu des élevages d'oies. Au XIXe siècle, les fabricants de Strasbourg se fournissaient en grandes quantités en foies gras hongrois. Après la Seconde Guerre mondiale, les liens économiques ont été brisés. À partir des années soixante, la production a repris et elle a depuis progressé en quantité comme en qualité. L'oie de Hongrie a été remplacée par l'oie d'Alsace et l'oie grise des Landes, pendant que l'élevage de canard gras se développe. Une partie de la production, vendue aux coopératives et aux négociants, est exportée en France, l'autre est transformée sur place et généralement envoyée à Budapest. L'essor du tourisme dans la capitale hongroise s'accompagne de l'augmentation de la consommation de foie gras dans les restaurants.

Israël

Les juifs de la diaspora ont perpétué leur savoir-faire en matière de foie gras. Israël est ainsi devenu le troisième pays producteur. Les juifs de Hongrie se sont établis à l'ouest du pays, entre Tel-Aviv et Haïfa, qui demeure le centre de la production. Les Israéliens ont créé, par croisement entre l'oie des Landes et une oie égyptienne, une race adaptée à leur climat et qui produit de très bons foies gras. Les petites exploitations n'existent pas car la loi interdit l'abattage à la ferme pour des raisons d'hygiène liées au climat. Ce sont donc de très grandes fermes associées à des sociétés privées et des organismes d'État qui commercialisent le foie gras. Presque toute la production est exportée, en premier lieu vers la France, puis vers la Suisse, l'Allemagne, la Belgique et le Japon. Une partie du foie gras est préparée casher.

Chine

Aussi fine et sophistiquée que soit la gastronomie chinoise, aussi savoureuses que puissent être les variations autour du canard, l'art du foie gras y est *terra incognita*. Les Chinois ont pourtant toujours engraissé leurs canards, mais ils n'ont jamais prolongé l'engraissement jusqu'au point de découvrir le foie gras. La production y est de quelques tonnes, qui suffisent à répondre à la demande des restaurants haut de gamme.

Japon

Le foie gras est à la mode au Japon depuis les années quatre-vingt. À cette époque, les fabricants, mais surtout les chefs français, se sont rendus au Japon pour promouvoir leurs produits et leur gastronomie. Le Japon, Tokyo en tête, regorge de restaurants français de très bon niveau où l'on sert surtout du foie gras chaud. La production locale demeure à l'état d'étude.

États-Unis

Sur les côtes est et ouest – dans l'État de New York surtout, mais également en Californie, dans la Sonoma Valley –, des éleveurs de canards gras approvisionnent les grands restaurants américains. Il s'agit de fermes à l'échelle américaine, de taille souvent importante.

Troisième chapitre

Des bêtes bien élevées

Nul besoin d'être savant pour deviner qu'un beau foie gras vient nécessairement d'un bel animal. Qu'il s'agisse d'oies ou de canards, les éleveurs veillent à ce que les conditions de vie de ces palmipèdes soient toujours les meilleures possibles. Nourriture adaptée, soins et espace sont ainsi les clefs du succès.

Le message des producteurs de foie gras et des éleveurs d'oies et de canards est simple : le foie gras est l'organe sain d'un palmipède adulte robuste et en bonne santé, et en aucun cas celui d'un animal malade ! C'est ce qu'ont démontré le Pr Labie et d'autres scientifiques dans des études sur la réversibilité de l'engraissement du foie des palmipèdes. Le gavage des animaux reproduit une tendance naturelle qu'ont ces animaux à se suralimenter afin de supporter l'hiver et les migrations. Lorsque l'on remet une oie ou un canard engraissé hors du circuit de gavage, son foie, gras mais sain, revient à son point de départ en quelques jours, comme lorsque l'oiseau a épuisé ses ressources après un long voyage migratoire. Il faut donc laisser de côté la vieille idée selon laquelle le foie gras serait synonyme de cirrhose ou d'une autre maladie hépatique. La rumeur vient de loin : nous la devons à la pratique de certains Romains qui auraient rendu alcooliques les oies et les canards en leur faisant ingurgiter des rations extravagantes d'eau-de-vie afin que leur foie grossisse rapidement et démesurément...

En France, la production de foie gras est soumise à des normes sanitaires précises et exigeantes. Des contrôles vétérinaires réguliers sont pratiqués sans relâche à tous les niveaux de la chaîne, et intensifiés depuis les drames alimentaires récents, qui ont fort heureusement épargné les oies et les canards.

LE CIFOG

Derrière ces cinq lettres se cache le Comité national interprofessionnel des palmipèdes à foie gras. Il regroupe les professions concernées par la production et la transformation du foie gras : accouveurs, aviculteurs, producteurs de palmipèdes à foie gras, découpeurs et conserveurs. L'association poursuit deux missions essentielles : améliorer la connaissance du marché, et mettre en œuvre des actions techniques et scientifiques. Afin que l'élevage se déroule dans les meilleures conditions possibles, le Cifog a édicté une charte et réserve l'appellation « Foie gras de canard » aux produits issus de mâles gavés, afin de conserver la tradition mais aussi

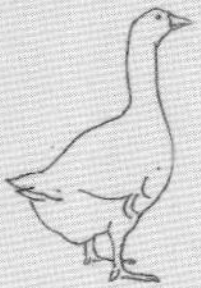

Le gavage fait-il souffrir ?

Le principe du gavage est de développer l'appareil digestif des oies et des canards en reproduisant une tendance qui leur est naturelle. Les professionnels considèrent cette opération comme une simple mutation contrôlée de l'alimentation des palmipèdes. Le gavage a lieu à partir de la quatorzième semaine, pendant deux semaines, deux fois par jour à 12 heures d'intervalle pour le canard, et jusqu'à trois fois par jour pour l'oie. Si la gaveuse électrique s'est généralisée, la nourriture est restée la même depuis des siècles : du maïs égrainé bouilli, additionné de graisse et éventuellement de sel. Le canard en absorbe 15 à 18 kg par jour pendant la période de gavage, et l'oie 20 à 25 kg. Le savoir-faire de l'éleveur détermine la réussite de l'opération : le seuil de satiété de l'animal ne doit pas être dépassé. À terme, le foie de canard atteint 400 à 700 g, le foie d'oie 500 à 900 g. Quels sont les arguments des détracteurs de cette pratique, qui vont jusqu'à crier à la torture ? Des textes et des pétitions, diffusés notamment sur Internet, réclament l'abolition du gavage des animaux. Voici un résumé de leurs arguments, en sachant qu'information ne rime pas toujours avec adhésion :

- le foie gras est un état pathologique, ou l'organe malade d'un animal atteint de stéatose hépatique, et beaucoup d'autres animaux succombent lors du gavage ;
- les volatiles ne sont pas élevés en liberté : environ 80 % des canards sont maintenus dans une cage qui les empêche de se retourner ou d'étendre leurs ailes ;
- la production de foie gras est la seule activité d'élevage qui nécessite l'ingestion forcée d'aliments. Le gavage entraîne des lésions, inflammations du cou, difficultés de déplacement, etc. Cette activité est donc indéniablement incompatible avec la protection que la société veut accorder aux animaux.

L'avis d'un éleveur

Pierre Ducarre est éleveur dans les Landes. Les professionnels qui, comme lui, travaillent avec l'amour du terroir et des richesses que celui-ci nous offre, et avec de profondes exigences en termes de qualité assurent que le producteur ne gave pas six cents animaux à la fois, mais plutôt cent à trois cents. Il passe du temps avec l'animal, en prend soin et veille à ce qu'il ne subisse pas de stress excessif. Les canards suivent un parcours à l'air libre et ne sont pas enfermés dans des cages. Ils sont gavés au maïs en grains pendant treize jours et si on les relâche, leur foie revient à une taille normale en peu de temps. Il est d'ailleurs dans l'intérêt des éleveurs de ne pas subir de pertes et d'assurer pour ce faire un confort optimal à l'animal.

d'améliorer la qualité. Elle fixe un seuil maximal de mille places pour les ateliers de gavage. Loin d'être une simple profession de foi(e), cet ensemble de règles est respecté scrupuleusement par les éleveurs animés d'un vrai professionnalisme.

Ce texte met en avant l'importance de la recherche d'un développement harmonieux des animaux et du respect de l'environnement. Seuls les canetons et oisons en provenance de couvoirs agréés et contrôlés par les autorités sanitaires compétentes sont accueillis dans des bâtiments respectant certaines normes. La charte exige un espace vital individuel minimal, l'accès à un parcours extérieur, des soins vétérinaires scrupuleux, et une nourriture saine et naturelle. Lorsque l'éleveur fait appel à un fournisseur extérieur, il doit s'assurer auprès de celui-ci de la composition exacte des aliments qui lui sont livrés. Le gavage doit suivre une alimentation progressive. Toute administration de substances médicamenteuses est radicalement interdite pendant cette période.

Dans des locaux impeccables, bien éclairés et bien ventilés, l'alimentation est donnée avec douceur et dextérité par l'éleveur qui, tout au long du gavage, observe scrupuleusement et individuellement les animaux afin de s'assurer qu'ils vivent dans de bonnes conditions. L'abattage suit des règles strictes. Il est réalisé dans des abattoirs ou des fermes agréés par l'Union européenne. L'anesthésie par électronarcose avant saignée des animaux est obligatoire. Elle doit être réalisée à l'aide d'un appareil aux normes du

Comité technique d'agrément des matériels d'abattage, faisant l'objet d'un entretien rigoureux. Le cahier des charges s'avère également strict en ce qui concerne la transformation. Le Cifog s'engage à poursuivre les partenaires ou les membres de la filière qui ne respecteraient pas la réglementation et les usages présentés dans la charte.

SIGLES ET LABELS

Depuis quelques années, des producteurs de plus en plus nombreux, désireux de faire connaître leur travail et soucieux de se démarquer au sein d'un marché qui a littéralement explosé, se sont réunis en comités et associations. Leur objectif est le plus souvent d'obtenir des signes distinctifs de qualité : IGP (Indication géographique protégée) ou Label Rouge, notamment. La méfiance est cependant toujours de mise, car l'abondance des sigles cache parfois une réalité moins glorieuse ; il faut donc savoir observer et surtout lire les étiquettes et les cahiers des charges.

IGP Canard à foie gras du Sud-Ouest

L'IGP est un signe de qualité officiel réservé à des produits agricoles issus d'un terroir qui leur donne leur nom.

Le Sud-Ouest, comprenant les Régions Aquitaine, Limousin et Midi-Pyrénées, a voulu défendre sa production face aux dérives de tous ordres. Jusqu'à la mise en place de l'IGP, il était possible d'importer des foies de Hongrie et de Bulgarie, et de les mettre en conserve dans le Sud-Ouest, sans en informer le consommateur. En juin 2000, une IGP a été attribuée aux canards mulards élevés pendant quatre-vingt-un jours sur un parcours herbeux, nourris et gavés durant douze jours au maïs du Sud-Ouest. Seuls les transformateurs qui respectent ce cahier des charges peuvent apposer le signe officiel sur leurs produits. En fonction de leur localisation, ils ont également droit aux termes Landes, Quercy, Chalosse, Gers ou Périgord. Les éleveurs landais, gersois, périgourdins ou basques ont ainsi pu lutter contre la concurrence, et investir dans des bâtiments et de nouvelles machines afin d'augmenter leur production.

Association Label Rouge Foie gras des Landes

Créée en 1996 et présidée par l'éleveur Pierre Ducarre, cette association, qui regroupe deux cent cinquante producteurs-éleveurs, a voulu aller encore plus loin dans la protection du terroir. Considérant que l'IGP Foie gras du Sud-Ouest ne s'intéressait pas à la qualité du gavage, elle a

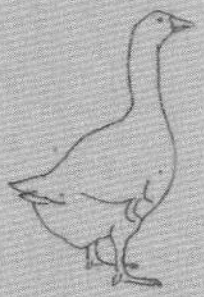

Un secteur économique de taille

La production de foie gras ferait vivre en France, de manière directe, plus de trente mille familles. Elle porte avec elle d'autres activités, liées au terroir, qui connaissent un grand essor grâce au tourisme vert : accueil à la ferme, visites de marchés au gras, dégustation de vins, cours de cuisine. Les citadins français sont de plus en plus friands de ce type d'activités, qui attirent également beaucoup de visiteurs étrangers, anglais et allemands en particulier. Les exploitations agricoles ont donc souvent investi pour s'adapter à cette nouvelle demande, qui permet ainsi d'animer certaines zones rurales méconnues et trop peu fréquentées.

Le foie gras en chiffres

La production mondiale de foie gras est difficile à évaluer avec précision, car la plupart des pays concernés ne fournissent pas de statistiques globales. Les chiffres avancés pour la France, par exemple, ne tiennent pas compte de l'autoconsommation.

Le Cifog édite un rapport qui permet néanmoins d'estimer la production mondiale à plus de 20500 tonnes de foie gras cru pour l'année 2002, une quantité en progression de 3 % par rapport à 2001. Avec 17000 tonnes, la France occupe le premier rang et assure 83 % de la production mondiale.

La Hongrie arrive en deuxième position, loin derrière, avec 1800 tonnes, suivie de la Bulgarie (1000 tonnes), d'Israël, de la Pologne, de l'Espagne (260 tonnes) et de la Belgique (70 tonnes).

œuvré pour obtenir un Label Rouge Foie gras des Landes, qui garantit non seulement que le produit correspond au cahier des charges, mais également que l'élevage du canard respecte des critères très stricts, notamment en termes de gavage, qui ne peut en aucun cas être réalisé avec une « pâtée industrielle ».

Alain Reix, chef du célèbre restaurant le *Jules Verne* à Paris, ne cache pas sa passion pour le foie gras. Si sa préférence va au canard, il reconnaît que, quel que soit le palmipède dont le foie gras est issu, l'important est de faire appel à un professionnel qui aura pris le plus grand soin des animaux qu'il élève. Nourriture de qualité, engraissement progressif et mesuré sont indispensables à l'obtention d'un foie gras parfait, ni trop gros ni trop petit, qu'Alain Reix prépare notamment en terrine avec du poireau et de la truffe, accompagné de langoustines et d'un pain aux truffes. Son imagination ne s'arrête pas là : à sa table, le foie gras se décline également en version marine, avec des seiches revenues au beurre, avec des échalotes et des herbes ou, tout simplement, sur un toast de pain de campagne tartiné d'une délicieuse marmelade d'orange.

Quatrième chapitre

Grammaire du foie gras

Cru, mi-cuit, bloc, lobe, entier, truffé…
Les termes et dénominations utilisés
sont si nombreux que l'on s'y perd parfois.
Voici donc une explication simple
pour guider les néophytes – et les autres –
sur le chemin de la gourmandise.

LES MOTS DE LA CUISSON

Le foie gras cru doit provenir exclusivement d'oies ou de canards gavés. Il est acheté par les heureux habitants des régions productrices directement auprès des éleveurs ou sur les marchés au gras. L'amateur peut aussi s'approvisionner chez son volailler, dans les boutiques spécialisées dans les produits du terroir et auprès des grandes maisons de foie gras. Le produit est présenté au naturel, tel quel, ou bien, de plus en plus souvent, sous vide. De texture ferme et souple au toucher, sa robe de teinte beige ivoire est des plus élégantes. Il ne doit en aucun cas être dur au toucher, car c'est un signe de surcharge graisseuse. Quand il est nu, on l'enveloppe traditionnellement dans un torchon ; il peut ainsi séjourner dans le réfrigérateur environ une semaine, à une température comprise entre 0 et 4 °C.

Le foie gras frais est parfois confondu avec le foie gras cru, or il est cuit à cœur à une température n'excédant pas 65 à 70 °C. Il est souvent considéré par les amateurs comme le meilleur des foies gras préparés par les fabricants ; on le propose en général de façon traditionnelle, dans une terrine de porcelaine ou un bocal de verre. Le foie gras cuit au torchon est lui aussi classé dans cette dénomination : dénervé et roulé dans un torchon, il est cuit dans un bouillon ou dans de la graisse parfumée aux légumes et aux aromates. Le foie gras frais sous vide est cuit tout doucement.

Foie gras go home ?

Les États-Unis n'ont plus foi dans le foie gras, devenu soudain indésirable sur les tables du Nouveau Monde. Au mois de février 2004, après une inspection vétérinaire américaine en France, Washington a décidé de suspendre les importations de « produits de viande » (charcuterie, foie gras) français pour non-conformité sanitaire. Déjà frappé de droits de douane de 100 % depuis 1999, il semble bien que le foie gras, pourtant fort apprécié des gourmets américains, soit pour le moment bel et bien « out ». Selon le Cifog, il s'agirait d'une sanction purement politique, dirigée contre la France. D'après cet organisme, les inspecteurs américains n'auraient relevé que des infractions mineures, concernant des défauts dans les procédures administratives et non pas sanitaires.

Le foie gras mi-cuit ou semi-conserve a été pasteurisé. Il se conserve sous vide, après avoir été poché, au réfrigérateur, pendant quelques semaines. S'il s'agit d'une boîte de conserve en métal ou d'un bocal en verre, la conservation se prolonge plusieurs mois. Il faut veiller à respecter la chaîne du froid : le produit ne supportera pas les longs séjours hors du réfrigérateur. Une fois la chaîne brisée, il ne reste plus qu'à le déguster. Il convient également de prendre garde à la date limite de consommation qui figure sur l'emballage.

Le foie gras appertisé, ou cuit, a été stérilisé. Il cuit en autoclave pendant près d'une heure à une température d'environ 110 °C. Il se conserve plusieurs années dans un endroit sec et frais et, comme le bon vin, se bonifierait en vieillissant. Les fabricants sont cependant tenus de faire figurer une date limite de consommation, correspondant à un temps de conservation d'environ quatre ans. Cette méthode est moins en vogue en raison du perfectionnement des autres procédés, mais elle présente l'avantage indéniable de pouvoir faire voyager facilement le foie gras sous toutes les latitudes.

SAVOURER EN TOUTE LÉGALITÉ

En tant que produit de prestige, le foie gras est soumis à une stricte réglementation. Il n'en a pas toujours été ainsi, mais pour le protéger des fraudes, des contrefaçons et assurer une qualité irréprochable, un cadre légal très précis a été mis en place.

Le premier pas a été franchi en 1991, avec l'adoption par les pays membres de la Communauté économique européenne d'une définition du foie gras cru exigeant un poids minimum. La suite est venue en France avec le décret du 9 août 1993. Le principe en est le suivant : la dénomination « foie gras » est réservée aux produits ne contenant que du foie gras. On ne peut plus clair ! Les galantines, mousses et autres pâtés ne peuvent pas s'appeler foie gras…

Foie gras et santé

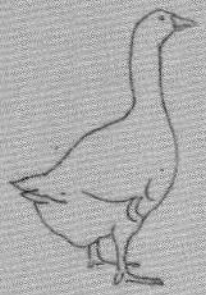

Les clichés ont la dent dure, qu'il s'agisse de ceux qui condamnent irrévocablement le foie gras au purgatoire des hérésies diététiques ou de ceux qui tendraient naïvement à en faire la panacée de l'équilibre alimentaire. Jusqu'aux années soixante-dix, le foie gras souffrait d'une mauvaise réputation auprès d'une grande partie des diététiciens, nutritionnistes et autres chantres du « manger sain ». Puis l'on a commencé à parler du « paradoxe français », théorie ou concept s'appuyant essentiellement sur les recherches du Pr Serge Renaud. Partant du constat que l'on vit plus vieux dans certaines régions de France, notamment le Sud-Ouest, ce scientifique est à l'origine de la découverte du rôle des acides gras mono et polyinsaturés présents dans les huiles d'olive et de colza, les graisses d'oie et de canard. Contrairement aux acides gras saturés, ils sont bénéfiques pour les artères coronariennes. D'après l'Inserm, les lipides contenus dans le foie gras consistent en seulement 18,5 % d'acides gras saturés et 56 % d'acides gras insaturés. En pratique, la graisse de canard ou d'oie contient deux fois moins de graisses saturées que le beurre : il est donc meilleur pour la santé de faire sauter ses pommes de terre à la graisse d'oie ou de canard qu'au beurre. Ceci ne signifie pas que le foie gras est allégé, loin s'en faut : il contient environ 450 calories pour 100 g.

Pour résumer, trois appellations réglementées sont à retenir.

Le foie gras entier comprend « les préparations composées d'un foie gras entier, ou d'un ou plusieurs lobes de foie gras et d'un assaisonnement ». Le produit ne doit pas contenir plus de 30 % de graisse exsudée.

Le foie gras sous-entend des « préparations composées de morceaux de lobes de foie gras agglomérés et d'un assaisonnement ». Le produit ne doit pas contenir plus de 30 % de graisse exsudée.

Le bloc de foie gras est défini de la manière suivante : il s'agit des « préparations composées de foie gras reconstitué et d'un assaisonnement, et pouvant éventuellement comporter des morceaux de lobes de foie gras ». Il s'agit donc d'un foie gras reconstitué. Lorsque l'emballage indique la présence de morceaux de lobes de foie gras, il ne peut y en avoir moins de 30 %. La quantité d'eau ajoutée ne peut excéder 10 %. Les prix varient énormément entre un foie gras entier et un bloc de foie gras. Aussi bon soit-il, le second ne peut rivaliser en termes de saveur et de texture avec le premier.

Quant à l'appellation **foie gras truffé**, elle indique que le produit contient au moins 3 % de truffes – de vraie truffe *Tuber melanosporum*, bien sûr.

Mousses, purées et **parfaits** n'ont en aucun cas droit au titre de foie gras. Ils peuvent néanmoins être honorables et contenir une quantité variable de foie gras en morceaux ou, le plus souvent, mixé. Le parfait de foie d'oie ou de canard contient au moins 75 % de foie. Les **médaillons, pâtés, mousses** et **galantines** de foie d'oie ou de canard comportent au minimum 50 % de foie gras.

Les appellations foie gras que nous venons d'énumérer obéissent évidemment à un étiquetage exigeant : l'appellation est mentionnée, tout comme la liste des ingrédients, des épices et des aromates, la date limite de consommation (DLC) pour les semi-conserves ou la date limite d'utilisation optimale (DLUO) pour les conserves, l'identification du lot, le poids, le numéro sanitaire, l'adresse du fabricant…

LE BON POIDS

Par décision de l'Union européenne prise en 1995, faisant suite à celle de 1991, le poids minimum de commercialisation des foies gras crus est de

300 g pour le foie gras de canard et de 400 g pour le foie gras d'oie. Cependant, le poids ne fait pas nécessairement la qualité. Les foies les plus gros ne sont pas les meilleurs car ils sont souvent trop gras.

À la cuisson, ils ont tendance à exsuder beaucoup de graisse, diminuent ainsi de taille et donnent une texture souvent décevante, assez granuleuse. Les chefs alsaciens considèrent souvent que le poids idéal d'un foie gras d'oie se situe entre 600 et 700 g. Le foie de canard est plus petit ; son poids idéal est d'environ 450 g.

Cinquième chapitre

Guide du foie gras

Longtemps réservé aux seuls professionnels, le foie gras cru que l'on cuit soi-même se trouve désormais à la portée de n'importe quel amateur. Désormais, les fins gourmets sont de plus en nombreux à le cuisiner à la maison. Avec un peu de patience, d'adresse et un brin de fantaisie, le résultat sera des plus somptueux....

RECONNAÎTRE LE BON FOIE

Un foie gras cru doit peser environ 400-500 g pour le canard et 600-750 g pour l'oie. Il est de plus en plus souvent conditionné sous vide, ce qui a l'avantage d'être pratique, mais certains chefs critiquent cette méthode, qui écraserait les molécules. Quoi qu'il en soit, une foule d'indices permettent de reconnaître un bon foie gras. S'il est trop petit il manquera d'onctuosité, s'il est trop gros il fondra comme peau de chagrin à la cuisson, car plus il est gros, plus il est gras. Au toucher, il faut sentir le contact incomparable d'une texture souple, douce et ferme (mais pas trop ferme non plus, s'il est trop gras la graisse se fige) surtout pas molle ni grumeleuse : la marque du doigt doit rester quelques instants puis disparaître. Le bon foie n'est ni rougeâtre ni grisâtre ni brun, la poche de fiel – c'est-à-dire la bile de l'animal – n'est pas percée et il n'est pas plein de sang. Son odeur, subtile, s'avère toujours un peu plus marquée quand il s'agit d'un foie gras de canard. L'habitude vient en essayant !

Il convient néanmoins d'être averti : le foie gras cru ne peut être acheté n'importe où. Les chanceux habitants des Landes, du Périgord, d'Alsace et de tout terroir producteur ont l'embarras du choix et connaissent les noms des bons producteurs. Les citadins doivent faire appel à leur volailler ou aux spécialistes du foie gras. Pour un achat au marché, il est impératif de se munir d'un sac isotherme pour un transport respectueux du produit.

DÉNERVER SANS S'ÉNERVER

C'est une étape indispensable, mais à aborder avec calme et mesure. Il ne faut pas en abuser : les cuisinières qui pleurent devant un foie qui tombe en morceaux ont souvent trop joué du couteau. Commencez par ôter la poche de fiel, puis posez le foie sur une planche, partie bombée en dessous. Ouvrez le lobe : à l'aide d'un petit couteau pointu, incisez-le en partant du bas. Enlevez, avec la pointe du couteau, la veine centrale, de couleur oscillant entre le jaune et le vert, puis les petites veines qui parcourent le lobe, délicatement. Éliminez les parties du foie qui ont touché le fiel, elles aussi de couleur jaune-vert.

Un conseil : le foie doit être à température ambiante afin de conserver toute sa souplesse ; s'il est trop froid, il se disloque.

Attention néanmoins : dans les appartements souvent surchauffés des citadins, la température ambiante n'est pas toujours appropriée. Le truc pour éviter que le foie gras ne devienne qu'un « pot de colle » consiste simplement à ouvrir la fenêtre pour assurer au foie la meilleure température. Surtout, le dénervage doit être mesuré afin d'éviter au foie de perdre toute sa graisse lors de la cuisson. Pour le cuire entier, comme c'est le cas dans les modes de cuisson qui suivent, c'est une étape obligatoire. En revanche,

pour la confection d'escalopes, les veines sont retirées au fur et à mesure du découpage en tranches, à l'aide d'un petit couteau à lame fine.

PRÉPARER UNE TERRINE

Une fois cette opération soigneusement accomplie, le plus simple appareil sied le mieux au seigneur foie : à savoir un foie de canard cru d'environ 450 g, du sel et du poivre... c'est tout !

Cuisson au bain-marie

Salez et poivrez le foie des deux côtés, et mettez-le dans une terrine d'une contenance d'environ 500 g. Couvrez et faites cuire au bain-marie dans une eau chauffée au préalable, pendant une vingtaine de minutes, à four assez chaud (thermostat 6, 180 °C). Laissez tiédir, soulevez le couvercle et pressez le foie en le recouvrant d'une petite plaquette portant des poids. Si nécessaire, pour éviter les débordements, enlevez un peu de graisse libérée par la cuisson. Laissez refroidir sous presse, puis remettez le couvercle de la terrine et laissez au moins 48 heures au réfrigérateur avant de déguster, la terrine n'en sera que plus savoureuse. Ne jetez surtout pas la graisse : elle permet de réussir les meilleures pommes de terre sautées au monde.

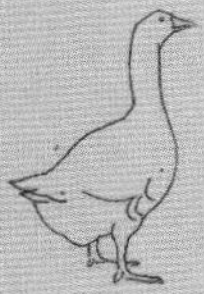

Le poivre, ami du foie gras

Pas une recette ne fait exception : il faut poivrer le foie ! Parmi tant de variétés de poivre à notre portée, aux saveurs si subtiles et variables, lesquelles choisir ? Noir, blanc ou vert ? Il s'agit toujours d'un seul et même *Piper nigrum*, vert lorsqu'il est cueilli en grappes avant le début de la maturité, noir lorsqu'il est cueilli avant complète maturité et séché, blanc quand il est cueilli à complète maturité, puis trempé et décortiqué.

Poivre long ou **de Java**, *Piper longum* : utilisé entier, il est piquant, avec une petite pointe sucrée.

Le cubèbe ou **poivre à queue**, *Piper cubeba* : il vient de Java. Sa saveur est plus ronde avec une pointe d'amertume.

Le poivre de Sarawak, *Piper nigrum* : il vient de la partie malaise de l'île de Bornéo. Sa saveur est très pointue, presque violente au départ, puis laisse apparaître bien des nuances.

Le poivre du Sichuan, *Zanthoxylum piperitum* : il ne s'agit pas d'un poivre au sens botanique du terme mais d'une baie. Il s'accorde néanmoins très bien avec le foie gras. Il ne doit pas être chauffé au risque de perdre de son parfum, il faut donc l'ajouter en fin de cuisson.

Le poivre de la Jamaïque, *Pimenta dioica* : ce n'est pas non plus un poivre. Il s'agit du quatre-épices, qui réunit quatre saveurs exotiques (girofle, cannelle, muscade et poivre) en une seule graine.

Quid du foie gras surgelé ?

Le foie gras cru surgelé est un peu plus cher que le produit frais acheté chez le volailler, mais il présente le gros avantage d'être déjà dénervé. Si les escalopes surgelées n'ont pas besoin d'être décongelées, les foies entiers doivent l'être : il faut les plonger 1 heure dans l'eau froide ou les laisser 6 heures au réfrigérateur.

La méthode est la même avec le foie d'oie, en prévoyant une terrine plus grande, adaptée à sa taille. Cette méthode toute simple est celle que préconise Élisabeth de Meurville, rédactrice en chef de *La Revue des gourmands*.

Cuisson à la poêle

Ce mode de cuisson est tout aussi facile : faites cuire le foie gras à la poêle à feu très doux, sans ajouter de matière grasse et sans couvrir. Retournez-le délicatement, à plusieurs reprises, à l'aide de spatules en bois. Comptez une vingtaine de minutes de cuisson. Sortez-le de la poêle délicatement et placez-le dans une terrine en le tassant légèrement et en ajoutant la graisse libérée dans la poêle. Attendez deux jours avant de savourer. Cette terrine se conserve une dizaine de jours au réfrigérateur.

Cuisson dans la graisse

Salez et poivrez le foie des deux côtés, et laissez reposer quelques heures. Pendant ce temps, faites tiédir environ 1 kg de graisse. Plongez le foie dans la graisse refroidie mais toujours liquide, chauffez à 70 °C et maintenez cette température une vingtaine de minutes. Arrêtez la cuisson et laissez le foie dans sa graisse 48 heures, hors du réfrigérateur. Sortez le foie et ôtez toute la graisse. Il est prêt à être servi.

Foie gras poché

Entourez le foie de film alimentaire, plongez-le dans 1 litre de bouillon de volaille bouillant et pochez-le ainsi 1 minute. Sortez-le du bouillon et laissez-le tiédir. Ôtez le film et placez le foie dans une terrine. Laissez-le au moins 48 heures au réfrigérateur avant de le servir.

Foie gras en papillote

Salez et poivrez le foie. Enveloppez-le dans une papillote de papier d'aluminium et faites-le cuire à four chaud une vingtaine de minutes.

Foie gras au gril

Coupez le foie en tranches d'environ 2 centimètres d'épaisseur. Farinez-les légèrement et passez-les sous le gril du four moins de 50 secondes pour chaque côté. Salez et donnez un tour de moulin à poivre. Accompagnez ces tranches de foie gras d'une petite salade toute simple – mâche, cresson ou roquette – assaisonnée d'un filet d'huile d'olive ou de noix, ou même d'une poêlée de figues, de pommes ou de poires.

Foie gras en conserve

Il n'est pas rare d'ouvrir les armoires des Landes, du Gers, du Périgord, d'Alsace et d'ailleurs, et de tomber sur des rangées de bocaux datés, impeccablement alignés, de conserves de foie gras qui sont rarement dégustées avant un an

de vieillissement. La méthode dépend des goûts de chacun et, bien souvent, des habitudes familiales. L'essentiel est de passer le bocal contenant le foie gras, hermétiquement fermé, au stérilisateur ou dans une cocotte remplie d'eau bouillante. Ensuite, la patience est le mot d'ordre ; il serait dommage de ne pas laisser le temps au foie gras de se bonifier – au moins 6 mois.

DES VARIANTES RAFFINÉES

La tentation est grande de jouer sur la gamme des épices et des alcools pour personnaliser la préparation, mais le risque est tout aussi grand de tuer la saveur si délicate du foie en lui ajoutant trop d'ingrédients. Si le désir de fantaisie se fait irrépressible, voici une liste non exhaustive d'ingrédients divers qui plaisent souvent.

• 2 cuillerées à soupe de porto et 1 cuillerée à soupe d'armagnac à ajouter au cours de la cuisson.

• 10 cl de xérès et 5 cl de madère avec lesquels le foie est arrosé, puis emballé dans un film alimentaire et mis une nuit au réfrigérateur avant d'être poché, par exemple.

• 1 pincée de noix muscade à ajouter au sel et au poivre dans lesquels on roule le foie avant de le cuire au bain-marie.

CONSEILS DE SERVICE

Conseils pour déguster le foie gras en terrine

• *À quelle température le sert-on ?*

Le foie gras se savoure frais, mais pas glacé. Il convient donc de le sortir du réfrigérateur une demi-heure à une heure avant de le servir.

• *Quelle lame utiliser ?*

Celle d'un couteau sans dents dont la lame est passée sous l'eau chaude, ou bien éventuellement un fil à couper le beurre.

• *Comment le couper ?*

On ne coupe pas le foie gras comme un camembert ou un reblochon. On le coupe en tranches, souvent inégales du fait de la répartition de la graisse dans la terrine.

• *À quel moment le sert-on ?*

Jusque dans les années cinquante, le foie gras était traditionnellement servi à la fin du repas, d'où l'habitude de le marier avec un vin liquoreux, et ce mariage faisait pratiquement office de dessert. Cette habitude n'a pas survécu, au grand bonheur de nos papilles, bien plus fraîches et disposes pour l'accueillir au début des agapes.

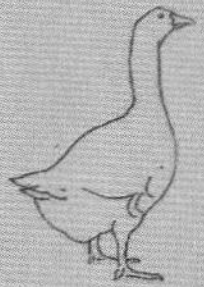

Des compagnons de choix

Compotée de fruits de Guy Martin

125 g de mûres, 100 g de poires, 150 g de pomelos, 100 g de pommes, 1/2 cuil. à café de poivre de la Jamaïque moulu, 50 g de miel, 20 g de vinaigre de xérès, sel, poivre du moulin.

Pelez les poires, les pomelos et les pommes, et détaillez-les en cubes de 1 cm de côté. Nettoyez les mûres et coupez-les en deux. Chauffez le miel dans une casserole, incorporez le vinaigre de xérès et ajoutez les dés de fruits. Mélangez, salez et poivrez, incorporez le poivre de la Jamaïque, et laissez cuire 10 minutes à feu doux. Ajoutez les mûres et laissez cuire 5 minutes. Réservez au frais.

Compote de rhubarbe

500 g de rhubarbe, 60 g de sucre en poudre, 1 pincée de noix muscade, 1 pincée de cumin, poivre.

Épluchez la rhubarbe et ôtez les fils. Coupez-la en tronçons et faites-les cuire dans une grande casserole avec un petit fond d'eau 10 minutes à couvert à feu moyen puis 1 heure à découvert. À la fin de la cuisson, ajoutez le sucre, la noix muscade, le cumin et donnez un tour de moulin à poivre. *Conseil*: il est possible d'ajouter quelques pommes en début de cuisson pour rendre la compote moins acide – bien que l'acidité s'accommode bien avec la douceur du foie gras.

Confiture de coing

800 g de coings bien mûrs, 400 g de sucre cristallisé, le jus d'un citron.

Coupez les coings épluchés en quartiers, retirez le cœur; mettez les morceaux dans de l'eau froide citronnée pour éviter qu'ils noircissent. Faites cuire les coings dans 20 cl d'eau avec le sucre. Portez à ébullition puis faites cuire doucement. Remuez régulièrement jusqu'à ce que les fruits soient translucides.

Une variante délicieuse: la pâte de coing, ou *membrillo*, est dégustée en Espagne et au Pays basque traditionnellement avec du fromage de brebis. Elle accompagne plaisamment le foie gras.

QUEL PAIN POUR QUEL FOIE GRAS ?

En posant cette question à une productrice de foie gras des Landes, l'auteur a eu droit à une réponse amusée : « Oh, vous savez, nous, à la campagne, on n'a pas cinquante mille pains, alors c'est le pain de campagne ou rien ! Moi, la seule chose que je déteste avec le foie gras, c'est le pain de mie… »
Il faut dire que jusqu'à une époque récente, le foie gras en terrine était bien souvent accompagné de pain de mie, en tout cas dans les dîners en ville. C'est, comme toujours, une affaire de goût, mais de plus en plus nombreux sont ceux qui pensent que la douceur du pain de mie aurait tendance à desservir le foie gras par un mariage un peu écœurant.
Depuis quelques années, la mode serait plutôt à la baguette ou au pain de campagne, très légèrement toastés car il ne faut pas que le goût de grillé l'emporte sur celui du foie gras.

• *Pain de campagne* : il remporte toutes les faveurs et on comprend bien pourquoi ; sa mie dense, bien équilibrée, ni trop acide ni trop douce, est parfaitement adaptée à la saveur et à la texture du foie gras.

• *Baguette* : elle a le vent en poupe, il semblerait que chaque bon boulanger rêve de l'améliorer, de la réinventer. Le choix est infini entre les déclinaisons « à l'ancienne », « tradition », « de campagne ». Sa texture en fait un excellent support.

• *Pain de seigle* : il a ses adeptes parmi les amateurs de foie gras ; son caractère bien trempé est un peu trop marqué pour le foie gras d'oie mais parfait pour celui de canard.

• *Pain à la farine de maïs* : au Pays basque, on l'appelle « méture ». Sa jolie mie jaune est voluptueuse et accueille bien volontiers indifféremment une belle tranche de foie gras d'oie ou de canard.

• *Pain à la farine de châtaigne* : de plus en plus appréciée, cette saveur originale, ronde, parfumée mais pas trop imposante, sied parfaitement au foie gras.

• Sont également recommandés les *pains à la bière, aux figues, au fromage* ou *au fromage blanc, aux olives*...

LES AUTRES PRODUITS DE L'OIE ET DU CANARD

Les confits et autres plats dérivés de l'oie et du canard feraient l'objet d'un livre à part entière mais, sans s'étendre, il était difficile de ne pas céder au plaisir de l'énumération de tant de bonnes choses !

• *Confit* : le confit d'oie ou de canard, grande spécialité du Sud-Ouest, se compose d'ailes, de cuisses et de filets présalés, cuits en marmite dans la graisse.

• *Magret* : c'est le muscle de la poitrine du canard gras. Il a longtemps été utilisé uniquement en confit. On le consomme également grillé au four, peau vers le haut afin que la graisse imprègne bien la chair, ou cuit à la poêle, et on le sert rosé et bien croustillant. Les meilleurs magrets proviennent de canards désossés le lendemain du jour où ils sont tués et servis le surlendemain.

• *Cou d'oie ou de canard farci* : pour 4 personnes, comptez 2 peaux de cous d'oie ou de canard, 150 g de chair d'oie ou de canard, 1 kg de graisse d'oie ou de canard, 10 cl d'armagnac, 100 g de foie gras, 250 g de chair à saucisse, sel, poivre.

Faites mariner la peau des cous quelques heures dans l'armagnac. Hachez la chair de l'oie ou du canard, mélangez-la avec la chair à saucisse, ajoutez

un peu d'armagnac, le foie gras coupé en dés, salez et poivrez. Commencez par recoudre la partie la plus large du cou, introduisez la farce et recousez l'autre extrémité. Portez la graisse à ébullition et faire cuire 1 heure et demie dans la graisse bouillante. Les cous farcis sont cuits lorsqu'ils remontent à la surface.

LES ACCORDS VINS ET FOIE GRAS

Peu de mets savent, aussi bien que le foie gras, s'harmoniser avec autant de crus différents. Amené à donner son avis sur la question, le sommelier passionné peut parler pendant des heures. Presque tout est permis. Dans les témoignages recueillis apparaissent néanmoins quelques bémols.
À éviter : les vins sans corps, les petits vins de pays, qui ne permettent pas au foie gras de s'épanouir pleinement, les vins trop acides, du type muscadet, les vins rouges trop tanniques, qui tuent littéralement le foie gras, les beaujolais primeur, les vins de Loire qui se boivent frais. Pour résumer, il s'agit de faire l'impasse sur les « petits » vins quels qu'ils soient.
Le foie gras impose une certaine complexité, un bouquet évolué, ce qui fait plutôt pencher vers des vins vieux. Certains sont friands d'harmonies moelleuses, de mariages ton sur ton : ils jouent avec le « gras » du vin pour le marier à l'onctuosité du foie. D'autres préféreront le contraste, voire l'opposition, entre le foie et des vins blancs secs ou certains vins rouges.

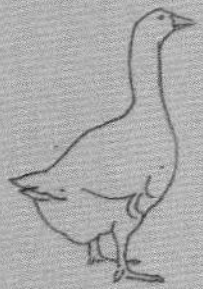

Un accompagnement royal : la truffe

Un duo périgourdin à faire monter le rose aux joues des gourmands les plus aguerris : truffe et foie gras. Ces deux merveilles entrent notamment dans la composition du pâté de Périgueux et dans la recette des escalopes de foie gras sauce Périgueux. Une idée toute simple et savoureuse : posez sur une tranche de pain de campagne légèrement grillée une tranche de terrine de foie gras sur laquelle vous déposez une lamelle de truffe, une pincée de fleur de sel de Guérande et donnez un tour de moulin à poivre. Savourez le plus délicieux des grignotages !

Quelles escalopes de foie gras choisir ?

Il arrive parfois que l'on trouve des escalopes de foie gras prédécoupées chez les volaillers, mais ce n'est pas très courant. Il faut donc souvent acheter un foie entier et le découper en escalopes de 80 à 100 g, qui peuvent être congelées. Très faciles à préparer, elles ne nécessitent pas de décongélation avant cuisson.

Un chutney facile à réaliser

Une petite pointe d'exotisme est toujours la bienvenue ; ce chutney de datte, subtil et original, sera un accompagnement parfait pour votre foie gras. La réalisation en est on ne peut plus simple : faites cuire ensemble des dattes fraîches dénoyautées et détaillées en petits morceaux, un oignon, ainsi que le zeste et le jus d'une orange (non traitée). Le secret est de faire cuire la préparation à feux doux pendant au moins 45 minutes, en remuant régulièrement.

Dans le premier cas, la combinaison idéale demeure un vieux château-yquem, le plus prestigieux des vins liquoreux. Tous les grands sauternes plaisent aux amateurs de ce type de saveurs. La vallée de la Loire est également riche de vins moelleux ou liquoreux qui font merveille avec le foie gras : bonnezeaux, quart-de-chaume, coteaux-du-layon, vouvray. Certains jurançons, les monbazillacs et les muscats de Beaumes-de-Venise peuvent aussi donner lieu à des mariages très heureux. En Alsace, les vins que l'on qualifie de « vendanges tardives », notamment les « sélections de grains nobles », vinifiés avec des grains de raisin flétris dont les sucres sont concentrés par la pourriture noble, s'avèrent remarquables. Ils s'accordent à la perfection avec le foie gras alsacien aux épices.

Les partisans de saveurs plus contrastées ne sont pas en reste, loin s'en faut ! Un vin blanc sec, mais sans agressivité, met en valeur l'onctuosité du foie gras. En Bourgogne, le montrachet est un choix idéal, comme le sont en général les grands crus de la côte de Beaune. Le foie gras adore le champagne, surtout lorsqu'il a déjà quelques années. Les vins blancs de la vallée du Rhône sont souvent recommandés – hermitage, condrieu, châteauneuf-du-pape –, tout comme les vins blancs secs d'Alsace – pinot gris, riesling. Les vins rouges séduisent de plus en plus, surtout avec du foie gras servi chaud : des grands médocs jusqu'à certains vins plus méridionaux tels les madirans et certains cahors, la palette est large et permet des variations à l'infini.

Sixième chapitre

Idées gourmandes

Chaud ou froid, en salade,

dans une soupe, avec la douceur d'un fruit

ou la saveur d'une pomme de terre,

le foie gras se décline de mille façons ;

souvent inattendues, toujours

délectables.

FOIE GRAS SUR CANAPÉS

Pour un apéritif des plus savoureux : en cuisant, le foie gras laisse couler un peu de sa graisse dans le pain et le parfume délicatement.

Pour 8 personnes

1 foie gras de canard cru d'environ 450 g
1 petit pain de campagne coupé en tranches assez fines
sel, poivre

Allumez le gril du four.

Ôtez les traces de fiel s'il en reste sur le foie. Coupez-le en tranches de 7 à 8 mm d'épaisseur. Salez et poivrez.

Tapissez la grille du four de papier d'aluminium et posez dessus les tranches de pain. Faites-les dorer sous le gril et sortez la grille du four. Retournez les tranches de pain et, sur chacune d'elles, posez 1 ou 2 tranches de foie gras de façon à ce qu'elles soient bien garnies. Remettez au four sous le gril bien chaud 3 ou 4 minutes, afin que le foie gras soit saisi sans être trop cuit.

Servez sur un plateau.

Conseil : choisissez un pain de campagne à la mie bien serrée pour éviter que le foie gras coule au travers, et servez les canapés avec des serviettes en papier car ils se mangent avec les doigts.

PRUNEAUX AU FOIE GRAS

Pour 4 personnes

20 pruneaux dénoyautés
150 g de foie gras mi-cuit
20 fines tranches de lard
20 piques en bois

Faites gonfler les pruneaux 4 heures dans de l'eau ou, mieux encore, dans du vin doux naturel (banyuls ou muscat de Rivesaltes).

Allumez le gril du four. Détaillez le foie gras en dés, salez et poivrez. Farcissez les pruneaux de foie gras et bardez-les de lard. Piquez-les avec les piques en bois et passez-les 1 à 2 minutes sous le gril du four.

Servez immédiatement.

FOIE GRAS *sur pain d'épice*

Pour 4 personnes

4 tranches de foie gras en bloc d'environ 5 mm d'épaisseur
8 tranches de pain d'épice d'environ 5 mm d'épaisseur

Salez et poivrez le foie gras. Toastez légèrement le pain d'épice. Placez une tranche de foie entre deux tranches de pain d'épice. Détaillez les sandwiches ainsi obtenus en petits carrés.

Conseil : servez ces mini-sandwiches à l'apéritif avec une coupe de champagne ou un verre de vin doux naturel.

TERRINE DE FOIE GRAS
aux figues

Pour 6 personnes

15 figues sèches
1 petit verre de banyuls
1 foie gras de canard cru d'environ 700 g
sel, poivre

Réhydratez les figues 2 heures dans de l'eau tiède. Égouttez-les, puis faites-les tremper à nouveau 2 heures dans le banyuls.

Chauffez le four à 120 °C (thermostat 4).

Séparez les deux lobes du foie et dénervez-le. Salez-le et poivrez-le. Placez un lobe dans le fond d'une terrine, recouvrez-le d'une couche de figues puis du second lobe. Couvrez avec un film alimentaire et laissez reposer une nuit au frais.

Versez de l'eau dans le fond d'un plat à gratin, placez-y la terrine, enfournez et faites cuire 30 à 35 minutes.

À la sortie du four, disposez sur la terrine une planchette recouverte d'un poids. Laissez refroidir puis placez la terrine au moins 48 heures au réfrigérateur.

CARPACCIO DE FOIE GRAS

Pour 4 personnes

1 pain de campagne coupé en tranches
1 foie gras cru dénervé de 600 g
huile d'olive
fleur de sel
poivre du moulin

Toastez des tranches de pain de campagne et découpez le foie gras en lamelles très fines.

Arrosez les tranches de pain grillé d'un filet d'huile d'olive et déposez sur chacune une tranche de foie. Parsemez de fleur de sel et donnez un tour de moulin à poivre.

Dégustez aussitôt.

Conseil : le foie gras congelé peut être tranché très finement, comme il se doit pour le carpaccio. Servez-le avec une salade verte.

FOIE GRAS FRAIS
aux raisins

Pour 4 personnes

1 foie de canard frais d'environ 500 g
1 belle grappe de raisins blancs
sel, poivre

Faites cuire le foie gras à feu très doux dans une cocotte en fonte environ 1 heure, à couvert. Salez et poivrez.

Ôtez une bonne partie de la graisse libérée pendant la cuisson. Ajoutez les grains de raisins blancs pelés et épépinés, et faites cuire 5 minutes. Cette étape préalable est assez laborieuse, mais indispensable pour réussir cette recette très simple.

TARTELETTES FINES
à la poire et au foie gras

Pour 4 personnes

1 rouleau de pâte feuilletée
1 grosse poire
4 escalopes de foie gras cru
1 cuil. à soupe de vinaigre de banyuls ou de cidre
sel, poivre du moulin

Chauffez le four à 210 °C (thermostat 7).

Découpez dans la pâte feuilletée quatre disques de diamètre égal, à l'aide d'une petite assiette par exemple. Placez-les dans quatre moules à tartelette. Ôtez le cœur de la poire avec les pépins, pelez-la, coupez-la en lamelles très fines et disposez-les sur les tartelettes.

Enfournez les tartelettes 15 minutes à 225 °C (thermostat 7-8).

Salez et poivrez les escalopes de foie gras, et faites-les revenir à la poêle antiadhésive, à feu vif, 1 minute de chaque côté. Enfin déglacez avec le vinaigre.

Servez les tartelettes avec les escalopes placées dessus. Arrosez-les avec le jus de déglaçage et donnez un tour de moulin à poivre.

MILLEFEUILLE D'ARTICHAUTS
au foie gras

Pour 4 personnes

4 gros artichauts bretons
jus de 1 citron
1 kg d'épinards en branches
8 tranches assez fines de foie gras de canard frais
sel, poivre

Préparez les artichauts en ôtant la tige et les feuilles extérieures. Rincez les artichauts ainsi apprêtés et faites-les cuire à l'eau. Égouttez-les, effeuillez-les et ôtez le foin pour nettoyer les fonds. Arrosez-les de jus de citron et réservez-les.

Lavez les épinards, essorez-les et faites-les cuire à la vapeur. Laissez-les refroidir et égouttez-les.

Disposez sur chaque fond d'artichaut, en les alternant, une couche de foie gras puis une couche d'épinards, jusqu'à ce qu'il n'en reste plus. Réservez quelques heures au frais. Salez et poivrez.

Conseil : servez ces millefeuilles d'artichaut avec une salade verte bien assaisonnée.

CRÈME DE LENTILLES
au foie gras

Pour 4 personnes

1 cube de bouillon de volaille
1 oignon
1 carotte
2 cuil. à soupe d'huile d'olive
50 g de lard fumé en fines tranches
300 g de lentilles vertes du Puy
1 bouquet garni
1 belle tranche de foie gras en bloc

Préparez 75 cl de bouillon en suivant les instructions figurant sur le paquet.

Pelez l'oignon et la carotte, et détaillez-les en petits dés. Chauffez l'huile dans une cocotte, et faites-y revenir l'oignon et la carotte. Ajoutez le lard fumé, les lentilles et le bouquet garni. Mouillez avec le bouillon de volaille et faites cuire 2 heures à feu doux.

Ôtez le bouquet garni et passez le tout au mixeur. Détaillez la tranche de foie gras en dés.

Versez la crème de lentilles dans une soupière et parsemez de dés de foie gras.

SOUPE DE POTIRON
au foie gras

Pour 4 personnes

1 kg de potiron
2 gousses d'ail
2 oignons
1 cube de bouillon de volaille
2 cuil. à soupe d'huile d'olive
80 g de foie gras en bloc ou mi-cuit

Pelez le potiron et détaillez-le en dés. Pelez l'ail et les oignons, et émincez-les. Réservez.

Préparez 1 litre de bouillon en suivant les instructions figurant sur le paquet.

Faites chauffer l'huile dans une cocotte et faites-y dorer le potiron 5 minutes à feu vif. Ajoutez l'ail et les oignons, versez le bouillon et faites cuire environ 20 minutes à feu doux.

Passez le tout au mixeur. Détaillez le foie gras en dés. Répartissez la soupe dans quatre assiettes creuses et parsemez de dés de foie gras.

VELOUTÉ DE CHÂTAIGNES
au foie gras

Pour 4 personnes

1 oignon
1 cuil. à soupe de graisse d'oie ou de canard
1 boîte de châtaignes (ou marrons) au naturel
1 bouquet garni
1 cube de bouillon de volaille
2 cuil. à soupe de crème liquide
80 g de foie gras en bloc

Pelez l'oignon et émincez-le. Chauffez la graisse dans une cocotte et faites-y revenir l'oignon environ 10 minutes à feu doux.

Ajoutez les châtaignes égouttées et faites-les cuire 5 minutes.

Ajoutez le bouquet garni, 1 litre d'eau et le cube de bouillon, et faites mijoter environ 30 minutes à feu doux.

Mixez le tout et ajoutez la crème.

Détaillez le foie gras en dés. Versez le velouté dans une soupière et parsemez de dés de foie gras.

SALADE AU CANARD
et pousses d'épinard

Pour 4 personnes

400 g de pousses d'épinard
200 g de foie gras en bloc ou mi-cuit
100 g de magret de canard fumé tranché
100 g de gésiers confits
1 cuil. à café de moutarde
3 cuil. à soupe d'huile d'olive
1 cuil. à soupe de vinaigre de xérès
1 cuil. à café de vinaigre balsamique
sel, poivre

Lavez les pousses d'épinard et essorez-les. Détaillez le foie gras en dés ou en tranches fines.

Préparez la vinaigrette en mélangeant dans un bol la moutarde, l'huile et les vinaigres. Salez et poivrez.

Chauffez légèrement les gésiers dans une poêle antiadhésive.

Mettez les pousses d'épinard dans un saladier avec le foie gras, les lamelles de magret et les gésiers.

Assaisonnez avec la vinaigrette et servez.

Conseil : vous pouvez parsemer cette salade au canard de cerneaux de noix concassés.

SALADE AUX FOIE GRAS, POIRE,
figues et roquette

Pour 4 personnes

100 g de roquette
1 salade feuille de chêne
100 g de haricots verts frais
1 poire pas trop mûre (conférence ou williams, par exemple)
4 figues fraîches
100 g de foie gras en bloc
1 cuil. à soupe d'huile de noix
2 cuil. à soupe d'huile d'olive
1 cuil. à soupe de vinaigre de vin rouge
sel, poivre

Lavez la roquette et la salade feuille de chêne, et essorez-les. Divisez les feuilles de laitue à la main et ôtez les tiges rigides des feuilles de roquette.

Retirez les fils des haricots verts et cuisez-les 4 minutes à la vapeur de façon à ce qu'ils restent croquants.

Pelez la poire, ôtez le cœur et les pépins avant de la détailler en lamelles fines. Lavez les figues, séchez-les et détaillez-les en quartiers.

Coupez le foie gras en tranches fines.

Préparez la vinaigrette en mélangeant dans un bol les huiles et le vinaigre. Salez et poivrez.

Déposez un lit de salade sur chaque assiette, ajoutez les haricots verts, la poire, les figues, puis les tranches de foie gras. Assaisonnez avec la vinaigrette.

SALADE DE LENTILLES
au foie gras

Pour 4 personnes

300 g de lentilles vertes du Puy
1 échalote
100 g de foie gras
en bloc ou mi-cuit
quelques brins de ciboulette
2 cuil. à soupe d'huile d'olive
1 cuil. à soupe d'huile de noix
1 cuil. à soupe de moutarde
1 cuil. à soupe
de vinaigre de cidre
sel, poivre

Faites cuire les lentilles à l'eau en suivant les instructions figurant sur le paquet et laissez-les refroidir.

Épluchez l'échalote et émincez-la. Détaillez le foie gras en dés. Lavez la ciboulette, séchez-la et émincez-la.

Préparez une vinaigrette en mélangeant dans un bol les huiles, la moutarde, le vinaigre et l'échalote.

Placez les lentilles dans un saladier, assaisonnez-les avec la vinaigrette et parsemez-les de ciboulette. Couvrez le saladier avec du film alimentaire et laissez reposer au moins 2 heures au frais.

Avant de servir, ajoutez les dés de foie gras, salez et poivrez.

SALADE DE COCOS
au foie gras

Pour 4 personnes

400 g de cocos de Paimpol
frais non écossés
1 oignon
1 feuille de laurier
1 brin de thym
1 clou de girofle
2 pommes (royal gala
ou jonagold, par exemple)

le jus de 1 citron
1 échalote
1 cuil. à soupe de miel liquide
3 cuil. à soupe d'huile de noisette
1 cuil. à soupe de vinaigre de xérès
200 g de foie gras
de canard en boîte
sel, poivre

Écossez les cocos de Paimpol et faites-les cuire 15 minutes à l'eau bouillante. Égouttez-les, puis remettez-les dans la cocotte avec le laurier, le thym et l'oignon pelé piqué du clou de girofle. Laissez cuire environ 40 minutes.

Pelez les pommes, détaillez-les en tranches fines et régulières, arrosez-les de jus de citron afin qu'elles ne noircissent pas et réservez. Pelez l'échalote et émincez-la. Détaillez le foie gras en dés.

Préparez une vinaigrette avec l'échalote, le miel, l'huile et le vinaigre de xérès. Salez et poivrez.

Dans un saladier, mélangez les cocos encore tièdes et les tranches de pomme. Assaisonnez avec une partie de la vinaigrette.

Répartissez dans quatre assiettes et parsemez de dés de foie gras. Arrosez d'un filet de vinaigrette.

VEAU FROID
au foie gras

Pour 4 personnes

1 kg de noix de veau
400 g de foie gras en bloc
2 carottes moyennes coupées en rondelles
2 branches de céleri épluchées et finement détaillées
1 cube de bouillon de volaille
1/2 litre d'eau
2 cuillerées à soupe de vin blanc sec
1 cuillerée à café de vinaigre de xérès
quelques feuilles de sauge
sel, poivre du moulin

Dans une cocotte, portez à ébullition l'eau, le cube de bouillon de volaille, la noix de veau, les carottes, le céleri et la sauge. Baissez le feu et faites cuire à feu moyen pendant 1 heure et demie, à couvert.

Sortez la viande de la cocotte et réservez-la au frais. Mixez les légumes cuits avec 5 cuillerées à soupe de bouillon de cuisson, 80 g de foie gras, le vin blanc et le vinaigre de xérès. Réservez au frais.

Détaillez le veau froid en tranches fines. Disposez-les dans le plat de service et nappez-les de sauce au foie gras. Recouvrez chacune d'elles d'une fine tranche de foie gras et donnez un tour de moulin à poivre.

Conseil : servez ce veau froid au foie gras accompagné d'un mesclun parsemé de câpres hachées, de tagliatelles au citron ou d'une simple purée de pommes de terre. Inspiré du vitello tonato italien préparé, lui, avec une sauce au thon et aux câpres, ce plat peut être relevé de jus de citron ou même d'une pointe de tabasco.

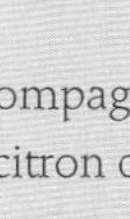

RISOTTO AU FOIE GRAS POÊLÉ
et aux asperges

Pour 4 personnes

2 cubes de bouillon de volaille
1 botte d'asperges vertes
1 oignon
50 g de beurre
300 g de riz arborio ou carnaroli
1 verre de vin blanc sec
100 g de parmesan râpé
4 escalopes de foie gras cru
sel, poivre

Préparez 2 litres de bouillon en suivant les instructions figurant sur le paquet. Rincez les asperges, séchez-les, coupez le bout des tiges sur 1 ou 2 centimètres et faites-les cuire 10 minutes à la vapeur. Détaillez-les en tronçons.

Pelez l'oignon et émincez-le finement. Chauffez le beurre dans une sauteuse et faites-y revenir l'oignon 5 minutes. Ajoutez le riz et mélangez jusqu'à ce qu'il soit translucide. Arrosez avec le vin blanc et versez un peu de bouillon jusqu'à évaporation, puis renouvelez l'opération pendant environ 10 minutes, sans noyer le riz mais sans non plus le laisser se dessécher.

Incorporez les tronçons d'asperge, en mettant les pointes en dernier, et faites cuire 10 minutes. Lorsque le riz est cuit, retirez-le du feu et ajoutez le parmesan. Couvrez et réservez.

Poêlez les escalopes de foie gras 1 minute de chaque côté dans une poêle antiadhésive.

Répartissez le risotto dans quatre assiettes et recouvrez chacune d'elles d'une escalope de foie gras.

ŒUFS BROUILLÉS
au foie gras

Pour 4 personnes

80 g de foie gras en bloc ou mi-cuit
10 œufs
20 g de beurre
1 cuil. à soupe de lait
1 cuil. à soupe de crème fraîche
sel, poivre

Détaillez le foie gras en copeaux, salez, poivrez et réservez.

Cassez les œufs dans un saladier et fouettez-les légèrement de façon à ce que le mélange soit homogène. Versez-les dans une casserole antiadhésive et faites cuire à feu doux en ajoutant le beurre, puis le lait et la crème fraîche. Salez et poivrez. Pour réussir des œufs brouillés, veillez à maintenir une température de cuisson très basse et remuez la préparation sans discontinuer avec une cuiller en bois. Lorsque le mélange atteint la consistance désirée, plus ou moins épaisse selon les goûts, répartissez-le dans quatre assiettes et parsemez les copeaux de foie gras sur les œufs brouillés.

Conseil : servez ces œufs brouillés au foie gras avec des tranches de pain de mie grillé.

ŒUFS COCOTTE
au foie gras

Pour 4 personnes

80 à 100 g de foie gras en bloc ou mi-cuit
4 champignons de Paris
4 œufs
4 cuil. à soupe de crème liquide
60 g de beurre
sel, poivre

Chauffez le four à 180 °C (thermostat 6).

Détaillez le foie gras en copeaux et réservez. Nettoyez les champignons et émincez-les.

Chauffez 30 g de beurre dans une sauteuse et faites-y revenir rapidement les champignons.

Beurrez quatre petits ramequins individuels et versez dans chacun 1 cuillerée à soupe de crème liquide et un quart des champignons.

Cassez 1 œuf dans chacun des ramequins, salez et poivrez. Enfournez 5 minutes à four chaud.

Lorsque les œufs semblent cuits, sortez les ramequins du four et parsemez le contenu de copeaux de foie gras. Enfournez 15 secondes.

Conseil : servez ces œufs cocotte au foie gras avec des mouillettes de pain de campagne grillé.

OMELETTE
au foie gras

Pour 4 personnes

80 g de foie gras
100 g de graisse d'oie
ou de canard
1 gousse d'ail
3 pommes de terre

8 œufs
1 brin de romarin
2 cuil. à café
de piment d'Espelette
sel, poivre

Détaillez le foie gras en petits dés et réservez. Pelez les pommes de terre et détaillez-les en petits dés. Lavez le romarin et séchez-le. Épluchez l'ail et émincez-le.

Chauffez la graisse dans une sauteuse et faites-y blondir l'ail. Ajoutez les pommes de terre et laissez cuire 30 minutes à feu doux. Ôtez l'excédent de graisse.

Cassez les œufs dans un saladier et fouettez-les de façon à ce que le mélange soit homogène. Salez et poivrez. Versez les œufs battus dans une sauteuse, ajoutez les pommes de terre et le romarin. Une fois que la préparation commence à prendre, saupoudrez de piment d'Espelette, salez légèrement, poivrez et ajoutez les dés de foie gras.

Ôtez le brin de romarin, repliez l'omelette en deux tel un chausson et déposez-la sur une grande assiette. Découpez-la en quatre parts, étroites mais suffisamment épaisses.

Conseil : servez cette omelette avec une salade verte bien relevée.

WOK DE LÉGUMES
au foie gras

Pour 4 personnes

300 g de fèves écossées
200 g de champignons de Paris
2 carottes
200 g de pousses de soja
1 gousse d'ail
1 cuil. à soupe d'huile de sésame
200 g de foie gras cru
1 cuil. à soupe de sauce de soja
sel, poivre

Blanchissez les fèves 30 secondes dans de l'eau bouillante de façon à pouvoir retirer facilement la petite peau qui recouvre chacune des graines. Réservez les fèves pelées.

Nettoyez les champignons et émincez-les. Pelez les carottes et coupez-les en julienne. Blanchissez les pousses de soja 1 minute dans de l'eau bouillante. Pelez l'ail et émincez-le.

Détaillez le foie gras en dés.

Faites chauffer l'huile dans un wok ou dans une sauteuse et faites revenir les dés de foie gras 1 minute à feu très vif. Sortez-les du wok ou de la sauteuse et réservez-les.

Faites revenir l'ail dans le wok ou la sauteuse. Ajoutez les pousses de soja, les carottes, puis les fèves et les champignons. Incorporez la sauce de soja et faites cuire 5 minutes à feu moyen. Salez (avec prudence car la sauce de soja est déjà salée), poivrez et ajoutez le foie gras au dernier moment.

TAGLIATELLES
au foie gras

Pour 4 personnes

350 g de tagliatelles
200 g de foie gras en bloc ou mi-cuit
3 cuil. à soupe de crème fraîche
1 pincée de noix de muscade
sel, poivre

Faites cuire les pâtes dans un grand volume d'eau bouillante salée en suivant les instructions figurant sur le paquet.

Détaillez les deux tiers du foie gras en dés. Faites chauffer la crème à feu doux dans une casserole et incorporez-y les dés de foie gras. Mélangez, salez, poivrez et ajoutez la noix de muscade.

Versez les pâtes dans le plat de service et répartissez par-dessus le contenu de la casserole.

Une fois les convives servis, ajoutez sur chaque assiette des copeaux découpés dans le foie gras restant.

POMMES DE TERRE
au foie gras

Pour 4 personnes

8 pommes de terre à chair ferme
(amandine, roseval ou chérie, par exemple)
80 à 100 g de foie gras en bloc ou mi-cuit
fleur de sel
poivre du moulin

Détaillez le foie gras en copeaux et réservez.

Faites cuire les pommes de terre à l'eau bouillante avec la peau, si elle est suffisamment fine, préalablement brossées sous l'eau froide.

Coupez en deux dans le sens de la longueur les pommes de terre cuites et couvrez chaque moitié d'un copeau de foie gras. Parsemez de fleur de sel et donnez un tour de moulin à poivre.

Conseil : les pommes de terre au foie gras accompagnent n'importe quelle pièce de viande rouge ; accompagnées d'une salade verte, elles constituent un plat à part entière.

CLUB SANDWICH
au foie gras

Pour 1 club sandwich

2 feuilles de laitue
1 tomate
3 tranches de pain de mie d'environ 12 cm de côté
6 lamelles fines de blanc de poulet rôti
2 tranches de foie gras en bloc ou mi-cuit
2 cuil. à café de mayonnaise
2 cuil. à café de moutarde
quelques brins de ciboulette
1 piques en bois

Lavez les feuilles de laitue et essorez-les. Lavez la tomate, séchez-la et coupez 4 rondelles. Lavez la ciboulette, séchez-la et ciselez-la. Mélangez dans un bol la moutarde et la mayonnaise.

Ôtez la croûte des tranches de pain de mie, toastez-les légèrement, et tartinez-les de moutarde et de mayonnaise.

Placez sur 2 tranches de pain de mie 1 feuille de laitue, 2 rondelles de tomate, 3 lamelles de poulet et 1 tranche de foie gras. Parsemez de ciboulette ciselée et superposez les deux tranches garnies. Couvrez avec le dernier toast, côté tartiné vers le bas.

Posez le club sandwich sur une assiette et piquez-le à la verticale avec une pique en bois.

Conseil : servez ce club sandwich avec une salade verte assaisonnée d'une vinaigrette à la moutarde.

GÂTEAU DE POMMES DE TERRE
au foie gras

Pour 4 personnes

150 g de pommes de terre
15 g de beurre
150 g de foie gras en bloc ou mi-cuit
30 cl de crème liquide
5 cl de banyuls
sel, poivre

Chauffez le four à 150 °C (thermostat 5).

Pelez les pommes de terre et coupez-les en rondelles fines. Détaillez le foie gras en grosses tranches et réservez les « chutes ».

Beurrez une terrine et déposez une couche de pommes de terre dans le fond, puis une couche de foie gras, salez et poivrez. Recommencez l'opération jusqu'à remplir la terrine en finissant par une double couche de pommes de terre. Versez dessus la crème liquide jusqu'à ce qu'elle recouvre les pommes de terre. Couvrez d'une feuille de papier d'aluminium.

Versez de l'eau dans le fond d'un plat à gratin et disposez-y la terrine. Enfournez et faites cuire au bain-marie 1 heure 30.

Sortez la terrine du four, disposez par-dessus une planchette recouverte d'un poids et maintenez-la ainsi environ 12 heures au réfrigérateur.

Dans une petite casserole, faites fondre les chutes de foie gras avec le reste de crème liquide et le banyuls. Réservez la sauce.

Démoulez la terrine, coupez 4 tranches et déposez-en une dans chaque assiette. Nappez-les de sauce.

HAMBURGERS
de foie gras

Pour 2 personnes

1 grosse pomme reinette
2 cuil. à soupe de graisse d'oie ou de canard
20 g de sucre en poudre
2 tranches de foie gras cru de 70 g chacune
2 cuil. à soupe de vinaigre de vin
sel, poivre

Pelez la pomme et placez-la sur le plan de travail, pédoncule vers le haut. Coupez avec un couteau verticalement sur les côtés deux chapeaux de 1,5 cm d'épaisseur environ destinés à recouvrir le foie gras – le dessus des hamburgers –, puis 2 tranches horizontales de 1 cm d'épaisseur pour le dessous.

Chauffez dans une sauteuse 1 cuillerée à soupe de graisse. Disposez les tranches de pommes dans la poêle et retournez-les afin de bien les napper de graisse. Saupoudrez chaque tranche de sucre des deux côtés. Faites-les blondir environ 5 minutes puis égouttez-les sur du papier absorbant.

Dénervez les tranches de foie gras, salez et poivrez-les. Chauffez 1 cuillerée à soupe de graisse dans une poêle et faites-y dorer les tranches de foie gras 1 à 2 minutes de chaque côté tout en les arrosant de graisse. Séchez-les sur du papier absorbant. Déglacez la poêle avec le vinaigre.

Dressez les 2 tranches de pommes pour le fond sur un plat de service, disposez dessus les tranches de foie gras, puis les chapeaux de pomme. Arrosez avec le jus de déglaçage, salez et poivrez.

Conseil : servez avec des pommes de terre frites ou sautées.

CRÈME BRÛLÉE
au foie gras

Pour 4 personnes

80 g de foie gras
3 cuil. à soupe de crème fraîche
4 jaunes d'œuf
30 g de beurre
4 cuil. à soupe de chapelure
3 cuil. à soupe de cassonade
1 cuil. à café de quatre-épices
1 cuil. à café de poivre
du moulin (mouture épaisse)
sel

Chauffez le four à 225 °C (thermostat 7-8).

Détaillez le foie gras en morceaux, mettez-le dans un grand bol ou une assiette creuse et mélangez-le avec la crème. Passez le tout au mixeur jusqu'à obtenir un mélange bien lisse. Incorporez les jaunes d'œuf, salez et remuez.

Beurrez 4 petits ramequins et répartissez-y la préparation. Versez de l'eau dans le fond d'un plat à gratin pour y disposer les ramequins. Enfournez et faites cuire au bain-marie pendant 1 heure. Retirez du four et laissez tiédir. Réservez environ 1 heure au frais.

Allumez le gril du four. Mélangez dans un bol la chapelure avec la cassonade, le quatre-épices et le poivre. Saupoudrez ce mélange sur les ramequins et passez-les environ 30 secondes sous le gril du four afin de les faire dorer, en surveillant bien.

Conseil : servez avec des pommes de terre frites ou sautées.

BEURRE DE FOIE GRAS

250 g de beurre demi-sel
100 g de foie gras mi-cuit
poivre

Faites reposer le beurre à température ambiante pour le rendre malléable à la fourchette.

Détaillez le foie gras en copeaux, poivrez-le mais ne le salez pas puisque vous utilisez du beurre demi-sel.

Mélangez le beurre et le foie à la fourchette, puis à l'aide d'une spatule. Le mélange n'a pas besoin d'être homogène mais la répartition foie gras-beurre dans la masse obtenue doit être assez régulière.

Mettez le beurre de foie gras dans un beurrier; il se conserve très bien au réfrigérateur.

Conseil : tartinez le beurre de foie gras sur des tranches de pain de campagne grillé et servez-le à l'apéritif ou, pour un déjeuner sur le pouce, accompagné d'une salade verte et de jambon.

SAUCE AU FOIE GRAS

60 g de foie gras en bloc ou mi-cuit
1/2 cube de bouillon de volaille
1 cuil. à soupe de crème liquide
sel, poivre

Préparez le bouillon en suivant les instructions figurant sur le paquet.

Faites chauffer la crème liquide dans une casserole, ajoutez 3 cuillerées à soupe de bouillon et le foie gras détaillé en morceaux. Mélangez doucement de façon à obtenir une sauce onctueuse. Si la sauce est trop épaisse, ajoutez un peu de bouillon.

Goûtez et rectifiez l'assaisonnement.

Conseil : cette sauce convient particulièrement aux pâtes et au riz nature. Vous pouvez aussi la servir avec des côtes de veau et ou une poêlée de champignons.

INDEX DES RECETTES

Plats

Légumes

Buffets et pique-niques

Sauces et compotées

Marchés et tradition

Le marché au gras : derrière ce nom peu poétique se cache un paradis pour tous ceux qui souhaitent acheter leurs foies quasiment à la source. Ces marchés spécialisés se tiennent entre décembre et la fin de février. Pendant longtemps, ils constitué le principal, sinon l'unique lieu de vente des volailles grasses et des foies gras. Dans les Landes, les marchés ont pratiquement tous disparu. Les derniers bastions de résistance, ceux de Montfort-en-Chalosse et de Pomarez, ont fermé leurs portes. Seul le Gers, et un peu le Périgord, perpétuent la tradition.

AU GRÉ DU CADRAN

Deux types de marchés existent : au « gré à gré » et « au cadran ». Quand les transactions se font de gré à gré, comme autrefois à Pomarez, les produits passent directement des mains du vendeur à celles de l'acheteur. La volaille est vendue plumée et, surtout, pleine : le foie n'est en aucun cas vendu à part. Les acheteurs ne peuvent que se fier à leur flair pour deviner si la bête est dotée d'un bon foie ! Le marché au cadran, tel celui de Montfort-en-Chalosse avant sa disparition, est réservé aux professionnels. Le principe ressemble à celui du marché au poisson. Les volailles sont réunies en lots numérotés, et les acheteurs potentiels défilent les uns après les autres. Ensuite, la vente se fait très vite. Le cadran en question affiche le numéro du lot ainsi qu'un prix plafond de vente au kg. Les acheteurs sont assis derrière un pupitre muni d'un bouton qui leur permet d'interrompre et de remporter la vente au fur et à mesure que le compte à rebours s'active. Si le vendeur n'est pas d'accord avec le prix, la vente redémarre, et si la seconde opération n'est pas plus satisfaisante, le lot est retiré de la vente et acheté par la coopérative partenaire du marché. Il incombe alors à celle-ci de découper la volaille ainsi acquise. Tout cela semble très organisé mais, hélas, ce type de marché a disparu, à la fin du XXe siècle, sauf dans le Gers – et pour combien de temps ?

LA CARTE DES MARCHÉS

À moins d'une heure de Toulouse, les halles au gras du département du Gers, alliant tradition et modernisme, proposent tous les matins des produits frais – carcasses et foies gras de canards et d'oies – vendus directement par les producteurs : le lundi à Samatan et à

Mirande, le mardi à Fleurance, le mercredi à Gimont et à Condom, le jeudi à Eauze, le vendredi à Seissan, le samedi à Condom et le dimanche à Gimont.

Les marchés sont l'occasion de rencontrer les producteurs qui donnent volontiers leurs secrets pour la préparation des foies, des confits et des magrets. Il est également possible de bénéficier d'un service de découpe des carcasses. Afin de garantir aux consommateurs des produits traditionnels et de qualité, la charte « Marché du Gers, tradition du gras », élaborée par les producteurs et les municipalités, garantit l'élevage sur de vastes parcours enherbés et l'engraissement uniquement au maïs blanc entier.

En Dordogne, la tradition des marchés au gras est peut-être moins vivace que dans le Gers, mais certaines villes ont conservé ces rendez-vous : Thiviers le samedi, de novembre à mars, et Ribérac tous les vendredis d'hiver.

UNE TRADITION RESSUSCITÉE

Au milieu des années quatre-vingt-dix, une poignée d'éleveurs du Gers a eu l'excellente idée de renouer avec une pratique ancestrale, celle du canard élevé en plein air, engraissé aux figues et au maïs, et en outre farci de son foie gras. Le canard en question est élevé de façon traditionnelle sur un parcours herbeux dans les coteaux du Gers. À la mise en engraissement, il est âgé de 13 semaines minimum, avec un poids supérieur à 4,3 kg, ces critères garantissant un canard adulte bien développé. Il est engraissé avec plus de 50 % de figues mélangées à du maïs blanc en grains selon la tradition gersoise, durant 12 à 14 jours. Il est abattu à la ferme, dans une salle d'abattage aux normes européennes. Il est ensuite travaillé chez le producteur ou chez un artisan gersois, où il est soigneusement préparé, assaisonné, farci de son foie gras et mis sous vide, prêt à cuire. Seul ce canard-là peut prétendre à l'appellation « Figuigers », marque déposée par l'Association gersoise pour la promotion du foie gras, qui en assure le contrôle. Cette recette s'inspire d'une vieille tradition gasconne, le canard farci de son propre foie gras, et d'une habitude plus que millénaire : l'engraissement à base de figues. Le fruit confère à la chair de la volaille une finesse, une onctuosité et une saveur incomparables. Elle en adoucit le goût et lui donne un aspect plus rosé.

Association gersoise pour la promotion du foie gras, Maison de l'agriculture, route de Mirande, BP 161, 32 003 Auch Cedex
Tél. : 05 62 61 77 40
www.foie-gras-gers.com

Carnet pratique

La gourmandise ne connaît pas de limite : le foie gras se trouve partout en France. Presque toutes les régions en produisent désormais. À Paris comme en province, le choix de la qualité est vaste, aussi bien chez les revendeurs que directement à la ferme dans les régions productrices, à condition d'avoir affaire à un professionnel armé d'un solide savoir-faire.

LES GRANDES MARQUES DE FOIE GRAS

Bas-Rhin

Édouard Artzner

Foie gras d'oie entier cuit au torchon, au tokay pinot gris, foie gras de canard, millefeuille de foie gras à la truffe, pâté à la Contades, kouglof de foie gras d'oie entier truffé et bien d'autres merveilles.

7, rue de la Mésange, 67000 Strasbourg
Tél. : 03 88 32 05 00
www.edouard-artzner.com

Georges Bruck

Depuis plus d'un siècle, cette maison fait rayonner le prestige du foie gras de tradition alsacienne.

7, rue Friesé, 67004 Strasbourg
Tél. : 03 88 32 62 62
www.bruck-foiegras.com

Landes

Delpeyrat

Une adresse landaise aujourd'hui, mais périgourdine à l'origine, de taille importante, qui continue à proposer du foie gras de canard de bon niveau.

La Téoulère, BP 229, 40282 Saint-Pierre-du-Mont Cedex
Tél. : 05 58 05 45 01
www.delpeyrat.com

Labeyrie

Une maison aux multiples enseignes qui, si elle s'est éloignée de l'artisanat, n'en continue pas moins d'offrir un très bon foie gras de canard cuit au torchon.

RN 10, Saint-Geours-de-Maremne,
40235 Saint-Vincent-de-Tyrosse
Tél. : 05 58 56 73 00
www.labeyrie.com

Lot

Valette

Fondée en 1920, cette maison propose

notamment un lobe de foie gras d'excellent niveau ainsi que des plats préparés très réussis (millefeuille de foie gras aux truffes, soufflé au foie gras, magret fourré au foie gras de canard entier, confits...)
Leurs foies gras de canard d'origine 100 % Périgord ont été plusieurs fois médaillés au Concours Général Agricole de Paris.
Avenue Georges-Pompidou, 46300 Gourdon
Tél. : 05 65 41 06 02
www.valette.com

LES MAISONS ARTISANALES

Bas-Rhin

Chez Philippe

Une adresse incontournable en Alsace pour les amoureux du foie gras en brioche. Il est également possible de dîner sur place car la maison est avant tout un restaurant...
8, place de l'Église, 67000 Blaesheim
Tél. : 03 88 68 86 00

Dordogne

Domaine de Barbe

Au cœur de la Dordogne, cette petite entreprise familiale propose des foies gras entiers d'oie ou de canard d'une qualité parfaite, ainsi que des confits, des rillettes et autres plats cuisinés.
24150 Badefols-sur-Dordogne
Tél. : 05 53 73 42 40

Guy Lalande

La Ferme des Brandes, 24420 Coulaures
Tél. : 05 53 05 00 98

Haut-Rhin

Bringel Bernard

31, rue Principale, 68116 Guewenheim
Tél. : 03 89 82 51 15
bernard.bringel@wanadoo.fr

Foie Gras Sipp

La Chaumière d'Alsace, 68690 Moosch
Tél. : 03 89 82 31 51
www.foie-gras-sipp.fr

La Ferme

34, rue des Têtes, 68000 Colmar
Tél. : 03 89 23 43 55

Landes

Dupérier et Fils

361, avenue du 11 novembre, 40250 Souprosse
Tél. : 05 58 44 23 23
www.duperier.fr

Festins de France

Place de l'Église, BP 14, 40360 Castelnau-Chalosse
Tél. : 05 58 89 89 14

Lafitte

455, route de Béarn, 40500 Montaut
Tél. : 05 58 76 40 48

FG « Frères gourmets »
120, chemin des Résineux, 40120 Roquefort
Tél. : 05 58 45 67 97
freresgourmets@wanadoo.fr

Vincent Sarrazin
Route de Pau, 40330 Castel-Sarrazin
Tél. : 05 58 89 82 00
www.foiegras-france.com

OÙ APPRENDRE ?

Dordogne
Manoir d'Hautegente
Dans ce superbe moulin du Périgord, la propriétaire prépare elle-même ses foies gras et enseigne son art à certaines périodes de l'année, lors de stages de 8 à 10 personnes.
24120 Coly
Tél. : 05 53 51 68 03
www.manoir-hautegente.com

Gers
Week-end au pays de D'Artagnan
Les amateurs de cuisine gasconne sont servis. Au programme : achat de volailles grasses, mise en salaison, préparation du foie gras, visite de sites et cours de cuisine.
Loisirs Accueil Gers. Chemin de la Caillaouère, BP 178, 32003 Auch Cedex
Tél. : 05 62 61 79 00
www.gers-tourisme.com

LES MUSÉES

Dordogne
Musée du Foie gras
Ce musée a été installé il y a dix ans dans l'ancienne grange d'une ferme.
Maison de l'oie et du canard, 24800 Thiviers
Tél. : 05 53 55 12 50

Gers
Écomusée du Foie gras
Michèle et Bernard Massartic ont ouvert un écomusée du Foie gras qui retrace, à l'aide d'une dizaine de scènes commentées et d'une trentaine de personnages, l'évolution de l'engraissement depuis les Égyptiens jusqu'à nos jours. Un commentaire sonore guide le visiteur à travers le temps. À l'extérieur, dans la vallée des oies, sur un parc de 4 hectares agrémenté de quatre étangs, diverses espèces d'oies, de canards et de cygnes cohabitent en liberté.
La Pomeraye, 32250 Montréal-du-Gers
Tél. : 05 62 29 25 16

Musée du Foie gras et des Traditions populaires
Y sont exposées des photographies de gavage et de marchés au gras, une collection d'appareils de gavage, du plus ancien au plus récent, et la reconstitution d'une cuisine gasconne d'antan dans ses meubles, ses ustensiles d'époque.
32130 Samatan
Tél. : 05 62 62 55 40

Le petit musée du Foie gras
Cette petite ferme située sur les coteaux vallonnés du Gers a redonné vie au passé en présentant les techniques d'engraissement à l'ancienne et des outils d'autrefois.
La Ferme du Courdou, 32170 Aux-Aussat
Tél. : 05 62 67 53 00

Landes

Musée de la Chalosse
Une table dressée comme autrefois, une collection de photographies anciennes et un enclos de canards gras permettent de comprendre ce qu'était la vie en Chalosse au XIXe siècle.
Domaine de Carcher,
40380 Montfort-en-Chalosse
Tél. : 05 58 98 69 27

Lot-et-Garonne

Musée du Foie gras
Le musée du Foie gras est situé à Souleilles, ferme typique des bords du Quercy, entre Lot et Garonne. Il retrace l'histoire du foie frais : des Égyptiens aux Romains, des juifs de Bohême aux tables illustres du XIXe siècle. Souleilles est une ferme de production où Yves et Geneviève Boissière élèvent et cuisinent des canards gras.
Attachés à ce pays occitan, ils ont repris et développé l'élevage traditionnel conduit autrefois par le grand-père. La ferme se visite : poussinière de canetons, salle de gavage, installations de cuisine...
Souleilles, 47140 Frespech
Tél. : 05 53 41 23 24

LA CONFRÉRIE

La Confrérie du foie gras, créée en 1985, est une association régie par la loi du 1er juillet 1901. Elle a pour but, en relation avec l'Association gersoise pour la promotion du foie gras, de contribuer à la promotion du foie gras du Gers en organisant des manifestations et en intronisant les personnes concernées par ses objectifs. Chaque année, au mois d'août, elle s'illustre à Samatan, dans le Gers, en invitant des personnalités.
Association gersoise pour la promotion du foie gras, Maison de l'agriculture, route de Mirande, BP 161, 32003 Auch Cedex
Tél. : 05 53 35 88 38

L'ÉVÉNEMENT

LA RONDE DES FOIES GRAS À MAUVEZIN (GERS)
Chaque année, le deuxième dimanche d'octobre, 1 200 participants bouclent un parcours de 24 kilomètres, à pied ou en VTT, reliant huit fermes, avec toasts de foie gras à l'appui.
Jean-Pierre Vignaux, 32120 Mauvezin
Tél. : 05 62 06 85 39

LES INITIATIVES LOCALES

Il existe localement des associations et organismes qui réunissent des amateurs autour d'une même passion.

Association interprofessionnelle du développement et de la promotion du foie gras d'Alsace

Créée en 1995, elle regroupe les grandes maisons traditionnelles (Artzner, Feyel, Bruck) et les producteurs à la ferme. Certains de ces derniers se sont à leur tour réunis en associations. Celle des Producteurs de foie gras d'Alsace, créée en 2001, est l'une des dernières nées. Elle compte aujourd'hui 18 membres unis par le même désir de promouvoir le foie gras alsacien, d'attirer de jeunes agriculteurs dans cette voie, mais également de développer la vente directe à la ferme – et sans doute de faire retrouver au foie gras d'Alsace sa splendeur passée.
Association interprofessionnelle du développement et de la promotion du foie gras d'Alsace, Chambre d'agriculture, 2, rue de Rome,
67300 Schiltigheim
Tél. : 03 88 19 17 17

Association Foie gras du Périgord

Encore une fois, l'objectif est de défendre l'image d'une région en protégeant notamment l'authenticité de la production de canards à foie gras. Elle a été créée en 1992 pour favoriser la certification liée à l'IGP Canard à foie gras du Périgord. Très active, elle organise depuis quelques années, pendant une bonne partie de l'été, une manifestation appelée « Les Fourchettes gourmandes ». Une trentaine de restaurants de la région participent à l'événement en élaborant des menus exclusivement conçus avec des produits issus de canard gras bénéficiant de l'IGP.
Association Foie gras du Périgord, 4 et 6, place Francheville, 24016 Périgueux Cedex
Tél. : 05 53 35 88 38
www.foiegras-perigord.com

LES SITES INTERNET

www.lefoiegras.fr
Un guide du foie gras à travers les âges et au gré des recettes.
www.gastronomie.com
Des infos relatives au foie gras sur ce portail de la gastronomie.

BIBLIOGRAPHIE

Apicius, *L'Art culinaire*, Les Belles Lettres, 1974.

Brillat-Savarin Anthelme, *La Physiologie du goût*, Jean de Bonnot, 1968.

Carême Marie-Antoine, *L'Art de la cuisine française au XIXe siècle*, Payot, 1994.

Curnonsky, *La France gastronomique*, Rouff éditeur, 1922.

Escoffier Auguste, *Le Guide culinaire*, Flammarion, 2001.

Horace, *Satires*, Les Belles Lettres, 1969.

Labeyrie Fabienne, *Le Foie gras*, Robert Laffont, 1989.

La Varenne (de) François Pierre, *Le Cuisinier françois*, Montalba, 1983.

Meurville (de) Élisabeth, *La Cuisine des gourmands*, Sang de la terre, 2000.

Nignon Édouard, *Éloges de la cuisine française*, François Bourin, 1994.

Serventi Silvano, *Le Livre du foie gras*, Flammarion, 2002.

Toussaint-Samat Maguelonne, *Histoire naturelle et morale de la nourriture*, Larousse, 1997.

REMERCIEMENTS

Un grand merci à celles et ceux qui, de près ou de loin, ont participé par leurs conseils, leurs connaissances et leur savoir-faire :
Jeannine Coureau, Monique Dognin, Pierre Ducarre, François-Régis Gaudry, Xavier Gombert, Anne Hudson, Élisabeth de Meurville, Marie-Pierre Pé, Alain Reix.
Merci également au Cifog, à l'agence Adocom, à l'association Foie gras du Périgord et à l'Association interprofessionnelle de développement et de promotion du foie gras d'Alsace.

CRÉDITS PHOTOGRAPHIQUES

Achevé d'imprimer en janvier 2006
sur les presses de l'imprimerie Stige à Turin
Dépôt légal : janvier 2006
Imprimé en Italie